KB218020

문화예술교육을 위한

문화예술, 인문의 발견

민경훈 · 김향미 · 양소영 · 현혜연 · 현은령 · 이성초 · 안지언 · 탁지현 · 안현정 · 이명주 공저

Arts & Culture, Discovery of Humanities

학지사

머리말

　이 책은 문화예술교육을 인문학적으로 접근한 책입니다.

　평생교육의 차원에서 문화예술교육은 학교를 포함한 사회에서 유아부터 노인에 이르기까지 누구나 원하면 평생에 걸쳐 마음껏 예술 활동을 할 수 있도록 해 줌으로써 행복한 삶을 구현시켜 줄 때 큰 가치가 있습니다. 따라서 문화예술교육은 예술적인 기능을 목적으로 하는 전문적 예술교육과는 차이가 있다고 봅니다.

　문화예술교육은 개인의 예술적 능력을 키워 줄 뿐만 아니라, 공동체적 활동을 통해 사회적으로 원만한 인간을 육성하며 정서적으로 풍요한 생활을 누릴 수 있도록 이바지합니다. 이 점을 반영하여 이 책은 예술의 미적 가치와 인문적 가치를 동시에 탐구하면서 인간 내면의 만족과 행복한 삶을 영위할 수 있도록 도와주는 데에 일조할 것입니다.

　최근에는 문화예술교육이 사회적으로 점점 위축되어 가고 있는 형국입니다. 이러한 시국에 정부의 관점에서는 문화예술이 인간의 삶에 큰 영향을 끼친다는 것을 인식하여 적극적으로 지원해 주는 태도를 보여야 할 것이며, 또한 시민의 관점에서는 문화예술이 자신의 일상생활과는 무관하다는 사고에서 벗어나 적극적으로 예술 활동에 참여하는 태도가 필요하다고 봅니다. 즉, 정부나 시민 모두가 문화예술이 우리 사회의 보편적 일상생활이라는 생각을 가질 때 비로소 평생교육적 차원의 문화예술이 실현될 수 있다는 것입니다.

독일의 대통령 슈타인마이어는 코로나19 팬데믹 시기에 학교와 사회에서의 예술교육이 위축될까 큰 염려를 하면서 예술교육에 큰 힘을 실어 주었습니다. 이것은 국가가 시민을 위하여 문화예술을 매우 중요하게 여기고 있다는 증거입니다. 우리나라도 평생교육의 차원에서 문화예술교육이 정책적·사회적·지역적·교육적·미적인 관점에서 더욱 심도 있게 연구되어 활성화될 수 있기를 기대해 봅니다.

이 책은 다양한 예술 영역을 다루고 있습니다. 그리고 각 예술 영역별로 Q&A 형식을 통해 예술교육의 속성, 인문과 예술교육의 관계성, 생활 속에서 예술교육의 모습, 인문 소양을 위한 예술교육의 새로운 패러다임 등을 다루고 있습니다. 질문하고 대답하는 형태로 구성되어 있어서 독자들이 편하고 재미있게 이 책에 다가올 수 있을 것이라고 생각합니다. 특히 경어체와 이해하기 쉬운 문체를 사용함으로써 예술교육과 관련한 전문가는 물론, 비전문가들도 교양 도서와 같이 편안하게 이 책을 즐길 수 있을 것입니다.

각 예술교육 분야의 전문가로서 이 저서를 집필해 주신 모든 저자께 진심으로 감사를 드리며, 또한 이 책이 출간될 수 있도록 도움을 주신 학지사 김진환 사장님 그리고 박선민 과장님께 깊은 감사를 표합니다.

2025년 2월 25일
대표 저자 민경훈

차례

CHAPTER 01 문화예술교육의 인문적 접근

CHAPTER 02 인문과 스토리텔링

인문과 큐레이터

인문과 음악

인문과 국악

인문과 미술

CHAPTER 07 인문과 교육연극

CHAPTER 08 인문과 무용

CHAPTER 09 인문과 디자인

10 인문과 사진

문화예술교육의 인문적 접근

—

민경훈

이 장에서는 먼저 예술교육의 성격을 알아보고, 문화·예술·인문의 개념에 대하여 이해한다. 그다음으로 인문학에 바탕을 둔 문화예술교육의 정체성과 평생교육의 차원에서 문화예술교육이 어떻게 전개되어야 할지를 논의한다. 마지막으로 4차 산업혁명 시대 인문학에 바탕을 둔 문화예술교육의 새로운 패러다임을 알아본다.

1. 예술교육의 성격과 목적

1) 예술교육은 어떤 성격을 지니고 있나요?

인간은 예술 활동을 통해 자신의 삶과 환경에 의미를 부여할 수 있습니다. 그 이유는 예술이 인간의 감정과 삶을 담아내고 있기 때문입니다. 이 점에서 예술교육은 실기적인 예술 활동과 함께 예술작품의 미적 의미와 인문적 가치를 탐구하면서 내면의 만족과 행복한 삶을 영위하도록 돕는 성격을 지니고 있습니다.

2) 예술교육의 의미와 목적은 무엇일까요?

예술교육이란 사람이 생활 속에서 예술을 즐길 수 있는 안목을 길러 주는 교육이라고 말할 수 있습니다. 이 점에서 예술교육은 학교에만 한정되는 것이 아니라, 학교에서 배운 기능이나 지식이 자연스럽게 생활 안에 녹아들어 인간의 삶에 영향을 줄 때 의미가 있다고 봅니다.

예술교육은 두 가지 관점에서 서로 다른 목적성을 지니고 있습니다. 첫째는 학교에서 이루어지는 '인간교육을 위한 예술교육'이고, 두 번째는 '전문예술가를 위한 예술교육'입니다. 인간교육을 위한 예술교육은 인간의 가치를 탐색하는 인문학적 배경이 바탕이 되어야 합니다. 이 점에서 우리는 인간교육을 위한 예술교육을 '인문 예술교육'으로, 그리고 전문예술가를 위한 예술교육을 '전문 예술교육'으로 표현할 수 있습니다. 인문 예술교육이 자연스럽게 생활에 스며들어 문화화될 때 이것을 '생활 예술'이라고 말할 수 있을 것입니다.

3) '생활 예술'의 궁극적 목적은 무엇인가요?

생활 속에서 즐기며 누리는 예술 활동을 '생활 예술'이라고 말할 수 있습니다. 생활 예술은 시민의 문화적 삶의 질을 높이는 평생교육 차원의 현재 진행형이라는 점에서 의의가 있습니다. 생활 예술은 일상생활에서의 예술 활동을 통하여 자신의 예술적 능력을 길러 주고, 개인과 공동체의 예술 활동을 통해 사회 구성원으로서의 원만한 인간을 육성하며, 인간의 삶에 활력을 불어넣어 줌으로써 보다 풍요로운 생활을 영위하는 데 목적을 둡니다.

2. 문화와 문화예술의 이해

1) 문화예술에서 '문화'를 어떻게 이해할 수 있나요?

'문화'라는 용어에는 많은 의미가 담겨 있어서 한마디로 정의하기가 매우 어렵습니다. 왜냐하면, 문화라는 용어는 「문화예술교육 지원법」「문화예술진흥법」「문화산업진흥 기본법」「국가유산보호법」 등 국가가 정한 법령의 테두리 안에서 보호를 받으면서 다양한 문화예술, 문화산업의 종류, 유형·무형문화재 등으로 방대하게 사용되기 때문이지요. 더구나 '상류 문화' '하류 문화' 이런 형태로 접근하면 문화라는 용어는 매우 포괄적이어서 한마디로 정의하기가 쉽지 않습니다. 그러나 법령에 제시된 문화를 종합적으로 정리해 보면, 문화란 간단하게 두 가지로 구분해서 이해할 수 있을 것입니다. 첫째는 인문학의 관점에서 정신적인 가치 체계를 의미하고, 둘째는 인류학의 관점에서 인간 사회 속의 풍습과 제도를 의미합니다.

2) 정신적 관점에서의 문화란 무엇입니까?

정신적 관점에서 보는 문화란 인간의 완전성을 표상하는 마음의 상황 또는 지적 정신의 상태와 연관됩니다. 이 해석은 인간의 여러 활동 중 일부만을 문화로 보는 선별적 관점의 개념입니다. 즉, 문화란 인간의 완벽성 및 우월성과 관련한 지적 활동 및 예술적 활동으로 볼 수 있다는 것입니다. 지적인 면에서의 문화는 인간이 주관적으로 혹은 객관적으로 인식하고 판단할 수 있는 오성적 능력과 관계합니다. 따라서 인간은 이러한 문화를 통해서 주변의 환경과 타인의 실체를 구분하고, 지식과 예술의 깊이와 넓이를 증대시킬 수 있습니다.

더 알기　**오성**

넓은 의미로는 이성적인 사고 능력을 말하며, 감성과 대립이 되는 의미로 사용됩니다. 즉, 직관적인 인식능력에 대립하는 고차원적인 인식능력이라고 볼 수 있습니다.

---

3) 인류학의 관점에서 보는 문화예술이란 무엇입니까?

인류학적 관점에서 보는 문화란 한 시대나 민족의 '생활 양식' 또는 '삶의 방식'을 말합니다. 문화란 어느 한 사회가 시행착오를 거듭하면서 새로운 환경 조건에 적응하는 역사적 과정인 동시에 그 산물입니다(이광규, 1980). 따라서 각 나라에 따라 고유한 특징을 가지고 있는 전통적인 민속 예술이나 예술적 삶은 인간이 여러 가지 생활 양식 중에서 선택한 것으로 문화의 한 유형입니다.

인류는 수백만 년 전에 이 지구 위의 생물 중 한 종으로 나타나 각 사회생활 속에서 나름대로 독특한 예술 문화를 만들어 나갔습니다. 그리고 예술은 인류에게 대표적인 문화로 인식되면서 세계 산업화의 과정에 힘입어 지속해서 새로운 형태의 예술 문화를 발전시켜 나가고 있습니다. 따라서 인류학적 관점에서 본 문화예술의 개념은 인간 생활의 모든 면과 모든 사회적 유산을 포괄하기 때문에 비선별적이고 보편적이며, 또한 가치 판단적이 아닌 가치 중립적이라고 말할 수 있습니다.

4) 오늘날 일반적으로 말하는 문화예술이란 어떤 의미를 지니고 있나요?

오늘날 우리가 보편적으로 말하는 문화예술에서 '문화'란 인류학적 관점에서 바라보는 문화로 이해할 수 있습니다. 즉, 삶의 방식 혹은 삶의 양식으로 굳어진 문화라는 의미입니다. 이러한 개념을 내포한 문화가 예술과 합쳐져 '문화예술'로 사용되는 거지요. 학교와 시민들을 대상으로 하는 문화예술의 활동이 자연스럽게 삶 속에 스며들어 생활화가 될 때 비로소 가치화가 됩니다. 그리고 이러한 문화예술을 전문적인 순수예술과 구분 짓기 위하여 '생활 예술'로 명명할 수 있을 것입니다. 이러한 생활 예술은 시민의 삶의 질을 높여 주는 평생교육의 차원에서 이해되어야 합니다.

3. 인문학과 예술교육

1) 인문학이란 무엇입니까?

인문은 광의적 의미에서 인류의 문화로 정의할 수 있으며, 좁은 의미에서는 인간이 생각하고 판단할 수 있는 이성 또는 인간관계에서의 윤리적인 질서라는 뜻으로 이해할 수 있습니다. 즉, 인문이란 한마디로 '인간다움'이라고 말할 수 있으며, 이 '인문'을 대상으로 탐구하는 학문을 인문학(humanities)이라고 합니다.

인문학은 자연과학의 상대적인 개념으로 주로 인간과 관련된 근원적인 문제나 사상, 문화 등을 중심적으로 연구합니다. 인문학은 언어 · 철학 · 문학 · 역사 · 예술 등 인류의 정신적 유산을 이해하고, 인간 사회의 제반 현상 및 문제를 역사적 · 철학적으로 성찰하는 학문입니다(최진, 2017).

언어 · 철학 · 문학 · 역사 · 예술 등의 인문학 분야는 아주 오래전부터 우리 인간 삶의 근간을 이루어 왔습니다. 이러한 인문적 분야들을 탐구하는 인문학은 다양한 삶의 방식과 문화를 이해하고 생각하며 대화하면서 사물을 보다 큰 맥락에서 바라볼 수 있게 하는 사유의 능력을 길러 줍니다. 인문학은 사회에서 일어나는 현상을 단순히 나열하는 것이 아닙니다. 그 현상에 대한 근원적인 고찰을 통해 인간 주체의 사유 및 존재 방식을 이해하는 철학적인 관점을 요구합니다(이은적, 2020).

2) 학교에서 인문교육이 왜 중요한가요?

앞에서 이미 설명한 바와 같이, 인문학은 언어 · 철학 · 문학 · 역사 · 예술 등 인류의 정신적 유산을 탐구하는 학문입니다. 인문학은 스스로 사고하는 법을 가르치고, 호기심을 가지고 원인과 이유를 생각하도록 하며, 또한 대상에 대해 비판할 수 있는 능력을 길러 줍니다. 이 점에서 인문학은 인간교육으로서 고유한 가치를 지니고 있으며, 인간다운 삶을 살 수 있게 하는 능력을 함양하는 데 중요한 역할을 합니다.

특히, 2009 개정 교육과정은 전인적 성장, 품격 있는 삶, 배려와 나눔의 정신, 공동체 발전에 참여하는 사람 등을 추구하는 인간상으로 제시하였습니다. 바로 이러한 인간상이 인문교육이 추구하는 목표라고 할 수 있습니다. 학교의 예술교육 역시 학교의 교육과정에 바탕을 두고 인문교육을 지향하여야 합니다.

오늘날 4차 산업혁명 디지털시대에 개인이 점점 고립화되어 가는 현실 속에서 학교에서의 인문교육의 중요성은 더욱 커지고 있습니다. 인간에 대한 존중과 상대에 대한 배려, 타인과의 원만한 소통을 위한 인문적 사고 함양이 절실한 때입니다. 우리는 인문학을 통해 인간 자신에 대한 이해와 역사적 식견을 얻고, 이웃과 함께 나누는 소통 능력, 자아를 성찰하고 계발할 수 있는 능력, 심미적 감성, 도덕적 판단력, 논리적 사고력 등을 키워 나가야 합니다.

3) 예술교육에서 인문학적 사고가 왜 필요합니까?

학교의 예술교육은 인문학에 관한 단편적인 지식만을 습득하는 교육이 아니라, 인간과 사회에 대해 끊임없이 질문을 던지면서 해답과 실마리를 찾아보고 다양한 가능성을 성찰하고 탐구하는 태도를 길러 주는 실용적 교육이 되어야 합니다. 학교의 예술교육에서 인문적 사고가 필요한 것은 인문적 사고가 창의 역량, 소통 역량, 감성 역량, 공동체 역량을 강화하고, 또한 품격 있는 인간다운 삶으로 이끌어 가기 때문입니다. 여기에서의 품격 있는 인간다운 삶이란 전인적 성장, 조화로운 인격, 배려와 나눔의 정신, 공동체 발전에 이바지하는 사람 등과 연관이 됩니다. 인문적 사고에 기반을 둔 예술교육은 일상생활에서의 예술 활동을 통하여 자신의 예술적 능력을 길러주고, 공동체적 예술 활동을 통해 사회적으로 원만한 인간을 육성하며, 생활에 활력을 주어 더욱 밝고 풍요로운 삶을 영위하도록 도와주는 데 의의가 있습니다.

그러나 인문적 사고에 기반을 둔 실용적 교육이 되기 위해서는 이론 교육과 함께 실천할 수 있는 의지가 필요합니다. 인문적 사고에 기반을 둔 실천적인 예술교육을 이해하기 위하여 여기에 하나의 사례를 소개하고자 합니다. 바로 독일의 '청소년음악운동(Jugendmusikbewegung)'을 주도하였던 독일의 국민음악교육자 외데에 관한 사례입니다.

외데는 제1차 세계 대전 후, 인문적 차원에서 청소년음악운동을 전개하였습니다. 외데의 청소년음악운동은 세 가지 측면에서 인문적 의의를 지니고 있습니다(민경훈, 2000).

첫째, 외데는 산업 사회에서 인간이 기계화되어 가는 과정에서 발생하는 인간과 인간 사이의 사회적 소외를 염려하여 협력하면서 하나가 되라고 강조합니다. 그는 합창 동아리를 통한 공동체에서의 즐거운 삶과 협동하면서 더불어 사는 인간미를 요구하였습니다.

둘째, 외데의 청소년음악운동은 소위 엘리트 계층에 의해 관습적으로 지배되어 온 음악문화 대신에 모든 사회 계층을 통합하려는 범국민 차원에서의 '음악문화 형성'이라는 문화개혁 운동이라는 것입니다.

셋째, 이 청소년음악운동은 전쟁으로 절망에 빠진 국민에게 음악을 통하여 희망을 불어넣어 주고, 시대의 어려운 상황을 음악의 힘으로 극복할 수 있다는 신념으로 전개되었다는 겁니다. 외데는 음악을 단지 인간 삶의 질을 높이는 수단으로 여기지 않았습니다. 그는 음악을 주체로 삼고 음악을 통해서 사회를 정화할 수 있다는 신념을 가지고 시민 축제, 소년원, 양로원 등에서 봉사하는 정신으로 음악 활동을 적극적으로 실천에 옮긴 사람입니다.

외데는 제2차 세계 대전 당시에 나치를 피해 해외로 망명하였다가 전쟁이 끝난 후에 다시 독일로 돌아와 계속 음악 활동을 전개하였습니다. 오늘날 독일의 전역에 널려 있는 수많은 시립 무직슐레(Städtische Musikschule)는 외데의 인문 사상을 바탕으로 발전한 형태입니다. 외데의 청소년음악운동 사상은 예술이 인문적 차원에서 '인간다움'을 추구한다는 것을 보여 주고 있습니다.

4. 평생교육으로서 문화예술교육

1) 우리가 일반적으로 말하는 문화예술교육이란 무엇입니까?

우리는 '문화예술교육'이라는 용어를 깊이 있게 생각하지 않고 습관적으로 가볍게 사용하고 있습니다. 문화예술교육이라는 용어에는 법적인 근거가 내포되어 있지만, 사회에서 일반적으로 사용하는 문화예술교육은 불분명하게 해석되고 사용됨으로써 혼선을 빚어 왔습니다. 그러나 이제는 문화예술교육의 정체성을 올바로 확립하고 제대로 이해하여 실천에 옮겨야 합니다.

　오늘날 문화예술교육과 관련하여 사회와 교육계의 전반에서 새로운 패러다임의 변화가 일어나고 있습니다. 즉, 문화예술교육에 인문적 사고가 매우 강조되고 있다는 것입니다. 문화예술교육은 생활 양식으로서의 문화, 예술교육, 인문적 사고의 핵심적 요소로 구성될 때 가치화되고 그 기능을 제대로 발휘할 수 있습니다.

　문화예술교육이란 문화, 예술, 교육을 하나로 합친 복합 명사입니다. 따라서 문화예술교육을 이해하기 위해서는 문화, 예술, 교육을 따로 구분하여 생각해 본 다음에 이 용어들을 융합한 '문화예술교육'에서 총체적 의미를 찾아야 합니다(민경훈, 2005).

　이처럼 문화예술교육은 예술교육의 새로운 방향을 제시해 주는

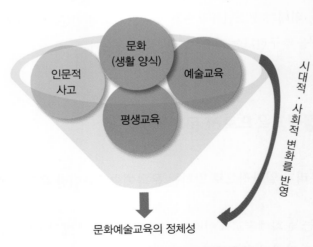

[그림 1-1] **문화예술교육의 패러다임**

메타적 용어로서 예술교육이 가지고 있는 기능적인 부분을 넘어 인문학적인 부분까지도 포괄하는 교육적인 의미를 지니고 있습니다. 그리고 문화예술교육은 서로 다른 예술 영역은 물론, 타 학문적 영역들과도 통합 혹은 연계되어 사람의 이성과 감성을 균형 있게 발전시키고, 자아를 실현해 주는 교육이 되어야 합니다.

　문화예술교육이 문화와 예술을 포함하는 합성어로써 문화 교육과 예술교육을 포함하지만, 그렇다고 하여 문화 교육과 예술교육의 내용을 병렬적으로 수용하는 것을 의미하지는 않습니다. 문화예술교육은 미적 교육, 여가 교육, 문화 교육 등을 융합한 형태로, 이러한 유기적인 형태가 미적·창의적·성찰적·소통적 역량들을 함양시켜 줌으로써 개인의 발전은 물론, 사회의 문화적 성장과 성숙을 끌어낼 때 가치가 있다고 봅니다. 문화예술교육은 기술만을 강조하는 예술교육이 아니라, 인지적·정의적·심동적 영역들이 서로 연계되는 통합된 학습 경험을 제공함으로써 전인교육을 실현해 주어야 합니다.

더 알기 ◀ **국립국어원의 문화, 예술, 교육에 관한 정의**

- 문화: 자연 상태에서 벗어나 일정한 목적 또는 생활 이상을 실현하고자 사회 구성원에 의하여 습득, 공유, 전달되는 행동 양식이나 생활 양식의 과정 및 그 과정에서 이루어 낸 물질적·정신적 소득을 통틀어 이르는 말입니다. 의식주를 비롯하여 언어, 풍습, 종교, 학문, 예술, 제도 따위를 모두 포함합니다.
- 예술: 특별한 재료, 양식, 기교로 감상의 대상이 되는 아름다움을 표현하려는 인간의 활동 및 그 작품을 의미합니다. 공간예술(회화, 조각, 건축), 시간예술(시, 음악, 무용, 연극, 영화), 종합예술(영화, 연극, 오페라) 따위로 나눌 수 있습니다.
- 교육: 지식과 기술 따위를 가르치며 인격을 길러 줍니다.

출처: 국립국어원(https://www.korean.go.kr).

2) 평생교육이란 무엇입니까?

평생교육(life-long education)이란 삶의 질적 향상을 위하여 태어나서 죽을 때까지의 수직적 관계, 그리고 학교와 사회를 포함한 모든 생활공간의 수평적 관계 안에서 이루어지는 교육으로, 자아실현과 사회 발전을 위한 역량 함양을 목적으로 합니다. 오늘날 세계화, 정보화, 민주화, 지방화, 고령화 등의 가속화에 따라 평생교육의 중요성이 한층 더 강화되면서 심화하고 체계화되고 있습니다.

평생교육의 창시자라 불리는 랑그랑(Lengrand)은 "평생교육이란 개인이 태어났을 때부터 죽을 때까지의 생애에 걸친 교육으로서 개인과 사회 전체의 교육에 대한 통합이다."라고 주장하였습니다(김종서 외, 2009). 인도 출신의 평생교육학자인 다베(Dave)는 평생교육이란 개인적·사회적 삶의 질을 계속 높여 주기 위해서 평생에 걸쳐 실시되는 모든 형태의 형식적·비형식적 교육 활동이라고 정의하였습니다. 다베는 평생교육이라는 개념의 의미를 포괄하는 세 가지 단어, 즉 'life' 'lifelong' 'education'의 의미를 융합하여 유네스코 평생교육의 지향점을 구축하였습니다. 그가 제시한 유네스코 평생교육의 성격은 다음과 같습니다(김종서 외, 2009).

〈표 1-1〉 **유네스코 평생교육의 성격**

- 평생의 교육을 통한 계속적 학습
- 변화하는 사회에서의 적응과 생활의 질적 향상을 도모하는 교육
- 모든 교육체제와 교육적 노력의 수직적·수평적 통합
- 가정, 학교, 사회에서의 배움을 망라하는 교육
- 교육과정, 교수·학습방법, 학습 자료의 융통성과 다양성의 확장
- 기존 교육체제에 대한 교정적인 기능과 점진적인 개선

3) 평생교육으로서의 문화예술교육은 어떤 성격을 지니고 있나요?

평생교육의 차원에서 문화예술교육은 학교와 사회에서 예술 활동을 통하여 자신의 예술적 지식과 기능을 길러 주고, 공동체적 예술 활동을 통해 사회적으로 원만한 인간을 육성하며, 생활에 활력을 주어 더욱 밝고 풍요한 생활을 영위하는 데 목적을 두어야 합니다. 평생교육의 차원에서 문화예술교육은 전문적 기능도 중요하지만 이보다는 모든 사람을 대상으로 보편적 기능과 향유가 우선되어야 하며, 이성과 감성을 균형 있게 조화시켜야 합니다.

독일의 국민음악교육자인 외데(Jöde) 역시 평생교육의 차원에서 '청소년음악운동'을 전개하고, 1923년에는 베를린 샤를로텐부르크에 최초의 청소년무직슐레(Jugendmusikschule)를 창설하였습니다 (민경훈, 2005). 이 학교가 오늘날 독일 전역에 널리 분포되어 있는 '시립 무직슐레'의 전신으로서, 이 무직슐레들은 평생교육의 차원에서 유아부터 노인에 이르기까지 누구나가 원하면 음악 활동을 할 수 있도록 음악 수업을 베풀고 있습니다. 외데의 청소년음악운동의 사상과 오늘날 시립 무직슐레의 운영 형태는 우리나라 문화예술교육의 효과적인 운영을 위해 시사하는 바가 매우 크다고 할 수 있습니다. 독일의 대통령 슈타인마이어(Steinmeier)가 코로나19 팬데믹 시기에 시립 무직슐레의 존립을 위하여 크게 염려하였다는 사실은 국가가 국민을 위하여 얼마나 문화예술교육을 중요하게 생각하고 있는지를 증명해 줍니다.

[그림 1-2] 무직슐레의 학생들과 함께 사진을 찍은 독일 대통령 슈타인마이어

더욱이 대통령 슈타인마이어는 2023년 5월 27일에 개최된 '제60주년 청소년음악콩쿠르(Jugend Musiziert 60)'에 참석하여 기념사를 낭독하였는데, 여기에서 그는 "청소년음악콩쿠르는 우리나라의 큰 축복입니다. 청소년음악콩쿠르는 신동들을 위한 독점적인 콩쿠르는 아니지만 모든 어린이와 청소년에게 열려 있으며 자신의 재능을 계발하는 데 매우 필요합니다. 이에 존경과 감사를 표합니다."라고 연설하면서 평생교육으로서 청소년 음악 활동의 필요성을 강하게 피력하였습니다.

[그림 1-3] '제60주년 청소년음악콩쿠르(Jugend Musiziert 60)'에서 축사하는 독일 대통령 슈타인마이어

더 알기 무직슐레에 관한 소개

독일의 국민음악교육자로 알려진 외데(Jöde, 1887~1970)는 1923년에 최초의 '청소년무직슐레(Jugendsmusikschule)'를 창설하였습니다. 1952년에는 '독일무직슐레협회(Verband deutscher Musikschulen: VdM)'가 설립되었으며, 이 협회는 오늘날까지 각 지방자치단체에서 운영하는 무직슐레들을 총괄하고 있습니다. 따라서 이 협회에 소속된 음악교육센터만 원칙적으로 '무직슐레'라는 명칭을 사용할 수 있습니다(Ehrenforth, 1987). 각 지역의 무직슐레는 자체적으로 체계적인 시스템을 갖추고 있으며 다양한 프로그램을 제공하고 있습니다.

무직슐레는 평생교육의 차원에서 유아에서 성인에 이르기까지 누구나가 원하면 교육을 받을 수 있는 공공성을 띤 음악교육센터로서, 모든 시민을 위해 음악 활동을 개방하고 음악 애호가들을 장려하며 또한 재능 있는 학생들을 발굴하여 교육하고 있습니다.

더 나아가 무직슐레는 일반 학교(초 · 중 · 고), 특수학교 등과 연계하여 효과적인 예술교육 파트너로서 큰 역할을 하고 있습니다. 오늘날에도 무직슐레는 일반 학교와 건설적인 협력을 통해서 끊임없이 우수한 사례들을 보여 주고 있습니다.

출처: 민경훈(2005).

4) 평생교육으로서 문화예술교육을 어떻게 활성화시킬 수 있을까요?

평생교육으로서 문화예술교육이 활성화되기 위해서는 지역 단위별로 공공의 예술 센터를 확충하고, 공공장소와 시설들을 효율적으로 활용하여 원하는 모든 시민에게 예술 활동의 기회를 제공해야 합니다. 평생교육의 차원에서 지역사회와 학교 간의 협력을 통한 효과적인 예술교육의 정책 구현을 위해서는 지역사회의 예술교육과 관련한 관계기관과 학교 간의 효과적인 파트너십을 구축하여야 하고, 수업료에 대한 합리적인 제도가 마련되어야 합니다. 또한, 효과적인 교육과정 및 다양한 예술 활동의 제공, 그리고 학교의 경우 학부모의 관심과 역할 등에 대해서 많은 연구와 실천을 해야 합니다.

특히, 평생교육의 차원에서 문화예술교육이 효과적으로 이루어지기 위해서는 사회적 계층과 나이에 상관없이 범국민적 차원에서 누구나가 예술 활동을 쉽게 접할 수 있는 환경이 필요하며, 이러한 예술적 환경이 하나의 생활 방식으로 굳어져 자연스럽게 문화화가 되어야 합니다. 사회에서 예술교육이 자연스럽게 문화화될 때 비로소 '생활 예술'이라고 규정지을 수 있을 것입니다. 즉, 평생교육으로서의 문화예술교육은 생활 예술이라는 등식이 성립된다는 것입니다.

이미 체육계에서는 공식적으로 '생활 체육'이라는 개념을 사용하고 있습니다. 이러한 배경에서 예술계에서도 공식적으로 충분히 생활 예술이라는 표현을 사용할 수 있다고 봅니다. 그리고 생활 예술을 상위 개념으로 하여, 그 아래의 하위 개념으로 생활 음악, 생활 미술, 생활 무용, 생활 연극 등으로 범주화시킬 수 있을 것입니다.

다음 [그림 1-4]는 방과 후 청소년 문화예술교육 지원사업의 하나인 '상상학교: 커뮤니티 댄스'의 결과 발표회 〈나를 찾고 너를 발견하며 우리가 되다〉로, 이것을 생활 무용이라 할 수 있습니다. 그리고 [그림 1-5]는 삼성생명에서 지원한 청소년 미술작품 공모전에서 입상한 작품 〈사랑 나눔, 벽화 그리기〉로 봉사활동의 차원에서 이루어진 것인데, 이것 역시 생활 미술이라고 말할 수 있습니다.

평생교육으로서의 문화예술교육은 학교는 물론, 사회에서 유아부터 노인에 이르기까지 누구나가 원하면 평생에 걸쳐 마음껏 예술 활동을 할 수 있도록 해 줌으로써 행복한 삶을 구현시켜 줄 때 의미

[그림 1-4] 무용 작품 〈나를 찾고 너를 발견하며 우리가 되다〉
출처: https://arte365.kr/?p=34559

[그림 1-5] 미술작품 〈사랑 나눔, 벽화 그리기〉
출처: https://mbiz.heraldcorp.com/view.php?ud=20160502000267

가 있습니다. 그러나 무엇보다도 중요한 것은 독일의 국민음악교육
자인 외데의 예술교육 사상과 독일의 대통령 슈타인마이어가 보여
준 것처럼, 우리 정부가 문화예술교육이 인간의 삶에 매우 중요하다
는 것을 인식하여 적극적으로 문화예술교육을 지원해 주어야 한다
는 것입니다. 그리고 시민의 관점에서는 문화예술교육이 자신의 일
상생활과 무관하다는 사고에서 벗어나 예술 활동에 적극적으로 참

여하는 태도를 가져야 한다는 것이지요. 즉, 당국이나 시민 모두가 '문화예술교육은 우리 사회의 보편적 일상생활'이라는 인식을 가질 때 비로소 평생교육적 차원의 문화예술교육이 실현될 수 있다는 것입니다.

5. 4차 산업혁명 시대 문화예술교육의 새로운 패러다임

1) 미래에는 어떤 모델로 학교 문화예술교육의 정체성을 확립할 수 있을까요?

'문화'는 인간이 살아가는 데 있어서 필수 불가결한 의식주를 포함하여 인간의 삶에 관계된 생활 전반에 영향을 주는 물질적 · 정신적 산물이라고 말할 수 있습니다. 그리고 '예술'은 아름다움을 추구하는 인간의 활동을 말합니다. 또한 '교육'은 지식과 기술 따위를 가르치며 인격을 길러 주는 행위입니다.

이미 앞에서 설명한 바와 같이, 학교에서 이루어지는 문화예술교육은 학교, 문화, 예술, 교육이 혼합되어 하나의 융합적인 상태로 이해되어야 합니다. 즉, '학교+문화+예술+교육(실기+인문)=학교 문화예술교육'이라는 등식이 성립되어야 합니다. 다음 [그림 1-6]을 보면 쉽게 이해할 수 있을 것입니다. 그리고 이러한 학교 문화예술교육은 평생교육의 차원에서 실천이 되어야 합니다.

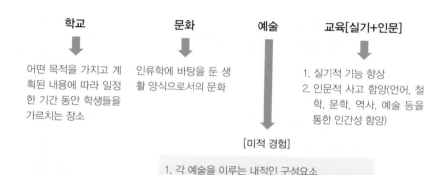

학교	문화	예술	교육[실기+인문]
어떤 목적을 가지고 계획된 내용에 따라 일정한 기간 동안 학생들을 가르치는 장소	인류학에 바탕을 둔 생활 양식으로서의 문화		1. 실기적 기능 향상 2. 인문적 사고 함양(언어, 철학, 문학, 역사, 예술 등을 통한 인간성 함양)

[미적 경험]

1. 각 예술을 이루는 내적인 구성요소
2. 외적인 맥락의 관점(역사 · 문화 · 사회의 맥락)

[그림 1-6] 학교 문화예술교육의 정체성

2) 인문의 관점에서 문화예술교육이 추구해야 할 방향성은 무엇인가요?

학교의 예술교육은 예술과 관계하는 미적 · 인문적 · 사회적 맥락을 고려하여 인간 세계를 이해하는 다양한 사고방식을 가르쳐야 합니다. 학교의 예술교육은 이론 중심의 교육과 기능 숙달 위주의 전통적 예술교육에서 벗어나 예술을 매개로 하여 인간 세계를 탐색할 수 있는 안목을 넓혀 줌으로써 나와 너의 삶에 변화를 주는 주체적 인간으로 성장시켜 주어야 합니다.

전통적 예술교육이 현상에 대한 아름다움을 발견하고 표현하는 것이라면, 현대의 예술교육은 전통적 예술교육과 함께 나와 너 그리고 공동체의 관계 속에서 인간의 가치를 발견하는 인문적 예술교육도 포함하고 있습니다. 즉, 학교의 예술교육은 과거의 '예술을 배운다.'에서 '예술을 배우고 예술로 배운다.'라는 개념으로 변화되었다고 말할 수 있습니다. 이처럼 공교육으로서의 예술교육은 예술의 내적인 면만을 고집하는 것이 아니라, 역사적 · 사회적 · 문화적 맥락에서 타 예술과 타 교과의 연계성을 고려한 예술의 외적인 면까지도 확장해 인문적 소양을 함양하는 것을 지향하여야 합니다.

그러나 인문적 소양을 길러 주기 위한 인문적 예술교육이 되기 위해서는 무엇보다도 인간을 탐구하는 철학적인 숙고가 필요하기에 어떤 방법으로 접근해야 할지 장기적인 계획이 전제되어야 합니다. 그렇지 않으면 표면적인 성과만을 가져와 시간만 낭비할 뿐입니다. 이러한 점에서 외국의 사례를 연구해 보는 것도 매우 의미가 있다고 봅니다.

3) 인문적 문화예술교육이 정착되기 위해서 정부와 시민은 어떤 태도를 가져야 할까요?

인문에 바탕을 둔 문화예술교육은 유아에서 노인에 이르기까지 모든 시민을 대상으로 전개되어야 합니다. 그리고 미를 추구하면서 개인과 공동체에 정서적 안정을 주는 문화적 감수성을 길러주고, 또한 실천적 예술 활동을 통해 자신의 만족감과 자존감을 높여 정신적으로 건강한 삶을 영위할 수 있도록 이끌어 주어야 합니다(민경훈, 2013). 이러한 점에서 인문적 문화예술교육은 단기간에 이벤트성으로 혹은 학교급(초·중·고)에서 단편적으로 끝나는 것이 아니라, 평생에 걸쳐 누구나가 원하면 마음껏 누릴 수 있도록 도와줄 수 있는 제도적 장치가 필요합니다.

2024년에 정부는 재정적 어려움으로 20여 년 동안 지속이 된 학교 대상 문화예술교육사업인 '예술꽃씨앗학교' 운영을 중단시켰습니다. 독일의 대통령이 코로나19 팬데믹 시기에 100년 이상의 역사를 가진 무직슐레가 사라질까 크게 걱정하면서 나라 경제의 재정적 어려움에도 불구하고 무직슐레의 존립을 위해 지속해서 지원해 주었다는 사실은 예술교육을 소홀히 다루는 우리나라 정부의 태도와는 너무나 상반된 모습을 보여 줍니다.

이러한 국면에서 독일, 프랑스 등과 같은 선진 예술교육의 사례를 심도 있게 분석하고 연구할 필요가 있습니다. 겉모양만 과대 포장하여 보여 주는 예술교육을 지양하고, 충분한 시간을 가지고 우리 실정에 맞게 효율적으로 응용과 적용을 하면서 한 계단 한 계단 점층적인 발전을 이루어야 합니다. 독일의 전 지역에서 활성화되어 있는 시립 무직슐레를 심도 있게 연구하여 우리나라의 문화예술교육에 응용하는 것도 바람직하다고 생각합니다. 그 이유는 빈민층을 대상으로 한 청소년 오케스트라를 통해 급격하게 사회적 변화를 추구하였던 베네수엘라의 '엘시스테마(El Sistema)'와는 달리, 독일 정부는 전 시민을 대상으로 정치적·사회적·경제적·교육적인 차원에서 100년 이상 꾸준히 시립 무직슐레를 발전시켜 왔기 때문입니다.

인문에 바탕을 둔 문화예술교육이 전 지역에 제대로 정착되기 위해서는 무엇보다도 먼저 정부나 시민 모두가 '태어나서부터 죽을 때까지 누구나가 원한다면 차별 없이 평등하게 문화예술교육의 혜택을 받을 수 있는 권리가 있다'는 인식을 가져야 한다는 것입니다. 즉, 특정 소수를 위한 엘리트 예술로부터 국민이면 누구나가 참여하여 누릴 수 있는 예술로의 전환이 필요하다는 것입니다.

시민들이 자기가 원하는 예술 영역에서 1인 1기를 다룸으로써 자신의 예술적 능력을 발전시키고, 삶의 질을 개선하여 자아정체성 회복과 자아를 존중하는 마음을 가지며, 또한 공동체에서 자신의 역할과 책임을 다하는 인간으로 성장한다면 우리 사회는 더욱 밝고 풍요로워지리라 생각합니다.

4) 4차 산업혁명 시대 문화예술교육의 전망에 대하여 알고 싶습니다.

4차 산업혁명을 잘 이용한다면 예술교육 분야에 큰 변화를 가져올 수 있습니다. 4차 산업혁명 시대의 예술교육은 AI, VR, AR 등과 같은 최적화된 도구들을 사용하여 기본적으로 요구되는 이론과 실기 능력을 함양하게 할 수 있습니다. 4차 산업혁명 시대를 맞이하여 예술교육은 미적인 예술을 추구하는 동시에 창의 융합적인 역량을 길러 주어야 합니다. 또한, 도덕적 판단력을 가진 사람, 소통과 교감의 능력을 지닌 인간 육성을 추구하여야 합니다.

그러나 또 다른 한편에서, 우리는 4차 산업혁명 시대에 AI를 비롯한 다양한 디지털 매체의 급속한 발달이 인간에게 어떤 불행한 일을 가져올지 고민해 보아야 합니다. 이러한 고민은 디지털 세계에서 아날로그적 가치를 높여 줄 것이라고 충분히 예상해 봅니다. 문화예술교육의 정책 중에서 인간다움과 직결되는 감성 역량, 소통 역량, 공동체 역량 등에 초점을 맞춘 사업과 과제는 앞으로 확산이 될 것입니다.

현대는 4차 산업혁명의 시대로 인공지능과 가상현실이라는 두 가지 키워드로 축약이 되는 시대입니다. 앞으로는 인공지능이 스스로 학습을 통해서 인간이 하는 많은 일을 대신할 것입니다. 인공지능이 여러 사람이 해결해야 할 일을 도맡아 빠르고 정확하게 그리고 저렴한 비용으로 처리함으로써 효율적인 성과를 가져오리라는 기대는 이미 확정된 미래입니다. 이러한 배경에서 많은 학자는 이전의 산업혁명 시대보다 4차 산업혁명 시대에서 많은 직업이 가혹하게 사라질 것이라고 예고하기도 합니다.

　　그렇다면 끝까지 살아남을 수 있는 직업은 무엇일까요? 영혼 없는 인공지능 앞에서 인간성을 회복시켜 줄 수 있는 직업은 시간을 두고 점차 살아나리라 생각합니다. 인간이 발전시킨 인간만의 정신적 산물을 꼽자면 철학, 예술, 종교라고 할 수 있습니다. 이 세 분야는 인간 됨을 결정짓는 대표적인 학문이자 인류문화의 결정체입니다. 이 중에서 철학과 예술은 인문에 바탕을 둡니다.

　　지금까지 인류가 추구해 온 일들을 크게 두 갈래로 나누어 보면, 하나는 물질세계의 추구이고, 또 다른 하나는 정신세계의 추구입니다. 물질세계의 추구는 기술의 발전으로 이어집니다. 그리고 기술의 발전에 따라 인공지능과 같은 새로운 기계들의 등장은 인간에게 편리를 주었습니다. 그러나 다른 한편으로는 인간과 인간 사이를 멀어지게 만들어 인간 정신을 황폐하게 하고 인간을 고립되게 만들고 있습니다.

　　정신세계의 추구는 인문에 바탕을 둔 철학과 예술 영역을 통한 인간성 회복에서 그 의미를 찾을 수 있습니다. 이성 없는 기계에 의존하지 않는 정신적 영역은 인간에게 남겨진 영원한 산물입니다.

　　인간이 인문철학을 통해서 해야 할 일은 닥쳐올 변화에 대해 화두를 찾고 논의하는 것입니다. 기술이라는 자체에는 도덕과 비도덕이 없고 자비와 관용도 없습니다. 4차 산업혁명의 시대는 기술을 가진 인간이 비인간적으로 기술을 악용하지 않도록 정신을 무장해 주는 인문철학의 역할이 더 중요해지는 시기이기도 합니다. 이 점에서 미래에는 인문학에 바탕을 둔 문화예술교육이 더욱 필요하다고 봅니다.

```
┌─────────────────────────────────────────────────────────┐
│                      생각 나누기                          │
├─────────────────────────────────────────────────────────┤
│  • 문화예술교육의 정체성에 대하여 설명해 봅시다.           │
│  • 인문학적 관점에서 문화예술교육의 가치를 논하여 봅시다.  │
│  • 4차 산업혁명 시대에 문화예술교육이 어떠한 방향으로 나아가야 할지 │
│    이야기해 봅시다.                                        │
└─────────────────────────────────────────────────────────┘
```

참고문헌

김민영(2008). 학교문화예술교육의 활성화를 위한 예술강사 지원사업에
　　　관한 연구. 경희대학교 대학원 석사학위논문.

김종서, 김신일, 한숭희, 강대중(2009). **평생교육개론**. 교육과학사.

민경훈(2000). 프리츠 외데(Fritz Jöde)의 청소년음악운동에 관한 고찰. 음
　　　악과 민족, 20, 305-339.

민경훈(2005). 한국의 생활음악문화 창출에 있어서 외데의 청소년음악운
　　　동의 의미. **예술교육연구**, 3, 67-81.

민경훈(2013). 우리나라 문화예술교육의 현황과 외국의 사례 고찰을 통한
　　　역량 제고. **예술교육연구**, 11(2), 13-34.

이광규(1980). **문화인류학 개론**. 일호각.

이은적(2020). 인문학으로서의 미술(교육), 미술(교육)의 인문학적 가치
　　　탐색. 문화예술교육연구, 15(3), 211-232.

최진(2017). '미적 판단'에 주목하는 인문적 예술교육의 접근을 위한 일고
　　　찰. 교양교육연구, 11(2).

Ehrenforth, K. H. (1987). Anmerkungen zur Musikanschauung, In: F.
　　　Jödes. Die Jugendmusikbewegung. Wolfenbüttel und Zürich.

[사이트]

- 국립국어원 https://www.korean.go.kr
- 나를 찾고 너를 발견하며 우리가 되다 https://arte365.kr/?p=34559
- 삼성생명 청소년 미술작품 공모전 수상자 '사랑 나눔, 벽화 그리기' 봉사 활동 https://mbiz.heraldcorp.com/view.php?ud=20160502000267
- Deutscher Musikrat https://www.musikrat.de/media/aktuelles/meldung/bundespraesident-frank-walter-steinmeier-wuerdigt-zum-60-jubilaeum-von-jugend-musiziert-die-strahlkraft-dieses-wettbewerbs
- Saxaholics https://www.saxaholics.de/

CHAPTER

02

인문과 스토리텔링

—

안지언

이 장에서는 문화예술로서 스토리텔링(이야기)의 중요성을 먼저 알아보고, 인문학의 관점에서 이야기의 인간 경험 형성의 가치와 사례를 소개한다. 그리고 이를 토대로 현재 우리 생활 속에서, 예술교육 현장에서 이야기가 어떻게 활용되는지 원리와 간단한 사례들을 살펴보고, 앞으로 미래사회에 대처하기 위해 문해력 교육이 나아가야 할 방향을 인문학적 관점에서 제시한다. 일반 교육자, 예술교육자, 예술 애호가, 양육자들이 새로운 교육 패러다임과 실천 내용을 쉽게 익힐 수 있도록 구성하였다.

1. 스토리텔링의 이해

1) '스토리텔링'이란 무슨 뜻일까요?

스토리텔링(storytelling)이란 용어 그대로 '이야기'라는 말입니다. 알리고자 하는 것을 단어, 이미지, 소리라는 매체를 통해 이야기 형태로 전달하는 것이지요. 이야기는 모든 문화권에서 교육·문화보존·엔터테인먼트의 도구로서 혹은 도덕적 가치를 가르치는 방법으로서 공유됐습니다. 여기에서 이야기란 일방적으로 내 생각이나 내 주장만을 말하는 것이 아닙니다. 주고받는 것, 즉 발화자와 청취자는 계속 교대로 바뀔 수 있습니다. 교실에서 교사(이끔이)는 자신의 이야기와 생각을 풀어 갈 필요가 있습니다. 학습환경 안에서 교사는 모델링, 안내자, 중재자, 리더이기 때문입니다. 어쩌면 교사는 교육목표에 따라 스토리텔러(storyteller) 즉, 이야기꾼, 이야기 구성자가 아닐까요?

2) 사람에게 이야기는 중요할까요?

네. 그렇습니다. 모든 사람은 이야기를 좋아합니다. 어릴 적 옹알이, 첫사랑 이야기, 연애 이야기, 결혼 이야기, 성공 이야기, 실패 이야기 등 모든 사람은 이야기를 듣고 말합니다. 이러한 이야기를 교육적 상황에 적용해 본다면, 교사는 청각과 시각적 요소를 활용하여 학습자를 빨리 몰입하게 만들고, 좌뇌와 우뇌를 동시에 자극함으로써 다양한 학습자를 사로잡는 최고의 공감 능력을 발휘할 수 있을 것입니다.

즉, 스토리텔링은 학습자의 마음을 잇는 다리이기도 합니다.

3) 이야기와 예술은 어떤 연관성이 있을까요?

인간은 고도의 상상력을 바탕으로 각종 도구를 통해 허구(fiction)를 창작합니다. 자기만의 이야기를 만들고 그것을 대중과 함께 즐기고 소통하고 싶은 것이 인간의 본능이지요. 그러면서 인간은 이러한 욕구와 함께 오늘날 문학, 음악, 무용, 연극, 영화, TV 드라마, 그림, 조각, 판화, 컴퓨터 게임 등과 같은 온갖 서사 장르를 탄생시켰습니다.

스토리텔링은 생존을 위한 기억으로 과학적 정보가 없던 시절, 공동체 구성원들이 서로 위험이 되는 요소들을 이야기해 주고, 생존을 위해서 정보를 교류하였던 것이 기원입니다. 그러다가 공동체와 부족의 탄생으로 공동체의 지속가능한 성장과 유지를 위해 율법과 춤, 노래, 문신으로 동족의 힘을 키우면서 인간은 기억의 전달자로서 이야기꾼이 된 것입니다.

이것은 인간이 이야기를 지배하고 싶은 욕구를 키워 나가며, 제사의식, 연극, 구전 음악, 동물벽화, 설화, 민화 등을 통해 이야기를 기억하고 전수하며, 보존하게 됩니다. 이러한 이야기 지배 욕구로 인해 탄생한 결과물이 금속활자입니다. 재미있는 것은, 인류의 최초 대중 매체가 무엇이냐에 대해 여러 의견이 있지만 '극장'으로 보는 의견(이대영, 2018)이 굉장히 설득력 있게 다가옵니다.

기원전 1000년 전까지만 해도 인간은 마을별로 제의(祭儀) 혹은 축제(carnival)를 통해 부족의 안녕을 기원했습니다. 교역이 활발해지며 도시국가가 형성되자, 각 도시국가에는 전통적 규범과 풍습에 따라 법과 제도가 생겨난 것이지요. 그리고 많은 사람이 한곳에 모여 공동체가 함께 회의하고, 사건과 사고를 해결할 수 있는 광장이 필요했습니다. 그러다가 광장보다는 더 나은 시설이 필요했고, 그렇게 고안된 것이 극장(劇場)입니다. 따라서 극장은 인류가 만든 최초의 대중 커뮤니케이션 매체이고, 수천 명이 한 공간에 모여서 동시에 같은 정보를 얻는 유일한 장소였습니다. 도시국가로서의 고대 그리스부터 극장과 극 예술은 시민들에 의해 꽃을 피우기 시작합니다. 2천 년의 역사를 지닌 공연예술사만큼이나 시각예술의 발전도 이야기와 함께 눈부시게 발전합니다. 앞서 이야기한 인간의 '이야기 본능'에서 이야기를 지배하기 위한 욕구의 정점으로서 금속활자를 떠올려 보면 답을 얻을 수 있습니다.

글과 활자의 탄생 이후 기록과 저장의 기능이 본격적으로 실현되면서 이를 통해 오늘날 '박물관(뮤지엄, Museum)'이란 공간이 탄생합니다. 뮤지엄의 기원은 라틴어 뮤제움(Museum)과 그리스어 무세이온(Museion)에서 그 어원을 찾을 수 있으며 이는 그리스 신화에서 문학, 미술, 철학의 여신인 '뮤제(Muse)'를 위한 신전을 의미합니다. 실제로 뮤지엄은 문화재를 수집, 보존, 전달, 전시하는 사회적 공간으로서의 박물관과 예술품을 수집, 보존, 판매, 전시 등을 담당하는 미술관(Gallery)으로 구분되지만, 오늘날에는 '뮤지엄'을 공통으로 사용합니다.

중세 이후 교회박물관으로 이어진 박물관은 16세기 르네상스 이후 메디치 가문과 같은 귀족들이 미술품을 수집하는 미술관으로서 전시 기능이 강화되고 발전됩니다.

모든 전시 이야기가 들어있고, 작가의 이야기, 그림의 이야기, 전시기획자들의 이야기, 전시 공간의 이야기, 그리고 오늘날에는 관람자의 이야기까지도 반영됩니다.

4) 이야기와 예술을 인간 소통의 욕구로 여길 수 있나요?

이처럼 이야기가 갖는 소통, 인간 본연의 상호작용 관점으로 예술을 바라본다면 예술은 조금 다르게 보입니다. 예술의 맛도 달라집니다.

근대의 연이은 세계 대전과 이성 중심 사고는 선과 악, 참과 거짓에 대한 집착을 불러일으켰습니다. 결과적으로, 자신의 이익, 자신의 나라와 땅, 민족에 대한 이익만을 창출했다는 것이지요. 이는 어두운 상상력과도 연결되며 예술가들의 반성하는 목소리가 일어났습니다. 본래의 예술이 지니는 건강한 '창의'와 '상상력'은 무엇을 말하는 것인지 고민하였으며, 이것은 예술교육 영역에도 영향을 주었습니다.

이러한 세계관의 움직임은 오히려 '예술의 본질이 무엇인지, 예술을 통해 우리 인간은 무엇을 전하고자 하는지, 예술이 사회에 어떤 영향을 끼치고, 어떤 역할을 해 나가야 하는지 문제 제기와 함께 통합적 장르, 다원장르, 생활 예술 등의 용어가 생겨난 것입니다.

따라서 좀 더 인간의 삶에 맞닿아 있는, 삶에 스며든 예술을 지향하게 되면서, 기존의 예술 개념이 특정한 사람에 의해, 정해지거나 연출된 공간, 특정한 장르로서 이해되었다면, 이제 예술은 스스로 그 옷을 벗고 확장하게 되었다고 해도 과언이 아닙니다. 아리스토텔레스는 시가 인간의 판단을 흐리게 하기보다는 예술이 가지는 '카타르시스' 작용, 정화작용을 통해 인간을 한 차원 높게 성숙시킨다고 말한 것과 같습니다.

유명한 고전 영화 〈죽은 시인의 사회〉에서 "카르페디엠(현재를 즐겨라)"을 외친 주인공 존 키팅 선생님은 모교인 명문고 국어 선생님으로 가게 되는데, 명문대 합격만을 위한 맹목적인 공부에서 벗어나 스스로 원하는 삶의 목표, 방향성, 설계를 거치고, 그에 맞는 공부를 하도록 이끕니다. 영화에서는 문학 시간에 시를 배우면서 말을 합니다. "네가 한 편의 시가 되는 것. 너 자체가 예술이며, 예술작품이 되어 가는 것이다."라고요. 이 장면은 예술을 통해 소통할 수 있다는 것을 의미합니다.

• 스토리텔링의 교수법

2. 인문학과 스토리텔링으로 예술교육

1) 인문학으로서 예술을 어떻게 가르칠 수 있나요?

레비(Levi)는 인문학이 의사소통(언어 및 문학과의 소통), 역사와의 연결, 비평에 대한 것이라 주장합니다. 결국, 예술과 인간의 삶과 관련이 있다고 주장해 왔어요. 예술적 표현은 독특성과 차별성과도 연결되는데, 인문학을 해석하는 방법은 시대별 차이가 존재하고, 예술 표현의 시대별 차이와도 연결된다고 합니다.

시대별로 살펴보면, 문제를 발굴하여 실질적인 정의를 내리는 것이 르네상스 시대의 인문학이었으며, 인간의 경험을 조직하고 이해하는 기술이나 방법으로 절차적 내용(의사소통, 지속성, 비평의 교양)이 중요한 시기가 중세시대의 인문학이었으며, 절차적인 것과 실질적 내용(언어와 문학, 역사, 철학)이 공존하던 시기가 르네상스와 중세 시대의 인문학이었습니다.

예술이 창조, 소통, 지속성, 비평에 대한 것이라는 이러한 해석 때문에 예술이 인문학과 필수적으로 관련되었다고 말합니다.

저자는 인문학으로서 예술을 가르치는 것은 주어진 시대 문제를 극복해 내도록 하는 일, 이러한 아이디어들을 예술이 창조되는 절차와 연결해 주는 것을 의미한다고 생각합니다. 이때, 예술교육을 위한 인문학 교육과정은 중요한데, 모든 사람이 예술을 통해 전인적 인간이 되도록 기회를 가질 혜택을 받는 미적 경험, 미적인지를 위한 미적 교육이 필요하다고 본 것입니다. 예술작품을 이해하고 감상을 할 때 인문교육적으로 고려할 사항은 다음과 같습니다.

① 누가 만들었는가? ② 어떻게 만들어졌는가? ③ 언제 만들어졌는가? ④ 누구를 위해 만들어졌는가? ⑤ 그것의 메시지 또는 의미는 무엇인가? ⑥ 그것의 스타일은 무엇인가? ⑦ 그것의 경험 질은 무엇인가? ⑧ 그것이 만들어진 문화적 장소는 무엇인가? ⑨ 오늘날의 문화나 사회에서 그곳의 위치는 무엇인가? ⑩ 이해와 감상에 어떤 특이한 문제가 있는가?

이러한 고려 사항은 참여자가 예술 감각이 잘 발달하여 있다는 증거이자 예술작품에 참여할 수 있는 전제 조건으로 봅니다. 이때, 이 끎은 참여자가 다른 사람들의 판단과 가치 선호에 덜 의존하게 만들어 자율성의 기준을 가지고 자신의 예술세계를 만들 수 있게 합니다 (Smith, 2023).

> **더 알기**   **미적 경험, 미적 체험 예술교육의 방법적 원리**
>
> - 미적 경험: 진지하고 심오한 감동을 주는 어떤 대상에 대해 특별한 방식으로 주목함으로써 감응하는 동시에 이것에 대해 자신만의 방식으로 응답할 수 있게 되는 상태(서울문화재단, 2011)
> - 이끔이가 취할 수 있는 미적 체험 예술교육의 방법적 원리(서울문화재단, 2011: 듀이의 경험주의와 비고츠키 구성주의 교육이론을 토대로 함)
>
> 1. 활동 중심 교육(learning by doing)
>   - 몸과 감각으로 충분히 느끼게 하는 과제 주기
>   - 개념이나 지식을 이해하기 전에 먼저 해 보게 하기
>   - 해 보는 것을 통해 이해하기
>   - 다양한 예술 언어로 창작하고 표현하기
>
> 2. 과정 중심 교육(process-centered learning)
>   - 자신만의 이야기를 해 보고 표현하기(용기 주기)
>   - 자신만의 방식을 찾아가도록 독려하기(의미 만들기)
>   - 매 단계 느끼고 얻은 것을 스스로 반성하기
>
> 3. 탐구 중심 교육(Inquiry-based learning)
>   - 고정관념을 벗고 기존의 자신의 모습 내려놓기
>   - 당연한 것을 의심하도록 하기
>   - 사물을 고착화하지 않도록 정답 찾는 것을 피하기
>   - 다양한 예술 장르에 노출하여 다양한 예술 언어 감각 깨우기
>   - 강요하지 않고 자발성을 유도하기
>
> 4. 협동 중심 교육(Cooperative learning)
>   - 다른 친구들과의 협업을 위한 공동의 과제 주기
>   - 자신과 다른 관점에 대해 이해하고 공유하며 평가하기

2) 스토리텔링으로 인문적인 융합예술교육을 할 수 있을까요?

이러한 가운데, 인간 경험의 형성, 인격 형성에 주요한 영향을 끼치는 교수법은 '흥미 유발'인데, 흥미를 느낀다는 것은 사물이나 사태를 자신과 동떨어진 것으로 파악하지 않고, 계속 변화하는 상황 속에서 자신과 연결된 것으로 파악하는 것을 의미합니다.

예를 들어, 수 개념을 공부해야 하는 이유는 수학이라는 학문으로 이미 구성되어 있으며 이 학문 자체를 배우는 것이 의미 있다고 여기지는 않습니다. 수학이라는 학문보다 문제와 끝까지 사투와 씨름을 해 보는 것, 수 개념을 흥미롭게 이해해 성취와 연결되는 것, 그것이 교과교육(수학, 국어, 과학, 음악, 미술, 체육 등)의 역할입니다.

결국, 자신이 학습하고 다루는 수학 지식이 자기가 관심 있는 활동을 하는 데 필요하고 원하는 목적을 달성하기 위해 중요한 역할을 한다는 것을 인식해야 흥미가 생깁니다.

오늘날 교과교육이 성취감이 다소 떨어지는 이유는 자신과 관계없는 지식 측면에서 무조건 배워야 하는 대상이 되면 흥미를 느끼기도 어렵고 따라서 성취감이 일어나지 못할 가능성이 큽니다. 그렇다면 교과와 스토리텔링을 접목하면 어떨까요? 학습자가 학습 내용과 자신의 관심사 사이의 연결성을 인식하도록 스토리텔링을 통한 프로젝트형 학습활동을 통해 흥미를 유발할 수 있습니다. 이는 학습적 훈련이 이뤄지는 선순환으로 연결됩니다(안지언, 2024).

스토리텔링을 시적 담화라고 부른다면, 이것을 끌어낼 예비텍스트(pre-text)는 중요합니다. 예비텍스트는 일상에서 상상력으로, 상상력이 다시 일상이 되게 하는바, 이미 알려진 진리 너머로 몰아가게 하여 시적 상상력과 사회적 상상력을 통한 역할 몰입과 확장을 이끌기 때문이지요(최지영, 2011). 이것은 이야기를 이어가는 교육적 상황인 'being as if~(마치 ~~ 이 된다면)'로의 예술적 상황에 초대하는 씨실과 날실의 역할, 즉 이야기 이어가기를 가능케 합니다.

그중 많이 쓰는 예비텍스트는 단연 그림책입니다. 그림책은 그림(icon)과 글(text)이 결합하여 새로운 의미를 형성하는 아이코닉스(iconix)입니다. 어린이 문학 전문가인 니콜라예바(Nikoolajeva)는 '그림책이란 글과 그림이라는 두 개의 의사소통 방식으로 조화를 이뤄내는 독특한 예술형식'이라고 말합니다.

유아뿐만 아니라, 전 세대가 함께 공유할 수 있는 그림책은 때로는 수업에 좋은 도우미가 됩니다. 그림책은 글과 그림(글이 없는 그림책도 존재)이 일치하기도, 보완의 관계로 감상하기도, 카타르시스 등 감정의 다각화와 같은 예술적 상황으로 초청하기도, 독자에게 의미를 형성하기도, 인식을 전환하기도, 문제를 정의하기도 하며 교육적 상황으로 이끕니다.

• 드라마 수업에서 프리텍스트의 의미와 기능 고찰

3) 그림책을 통해서 예술교육을 어떻게 할 수 있을까요?

그림책 『내가 라면을 먹을 때』는 일본 작가인 하세가와 요시후미(Hasegawa)의 그림책으로 전 세계적인 사랑을 받았습니다. 한 아이로부터 시작하는 다른 공간의 이야기들을 담고 있는 책을 잠시 만나보실까요?

Q: 공부할 때, 화장실에서 일을 볼 때, 간식을 먹을 때, 게임을 할 때 가끔 은 지금쯤 친구는 무엇을 하고 있을지 생각해 본 적 있을 것입니다. 물 론 가까운 곳에 사는 친구들은 비슷한 일을 하고 있을 가능성이 크지요. 그렇다면 다른 나라 아이들은 어떨까요? 다른 나라 아이들도 우리처럼 살아가고 있을까요?

A: 『내가 라면을 먹을 때』는 평화로운 분위기에서 라면을 먹는 주인공과 그 친구들, 그리고 얼굴을 모르는 이웃 마을 아이들, 나아가 이웃 나라 아이들을 순차적으로 보여 줍니다. 부유한 나라 일본에서 시작하여, 동 남아시아를 거쳐 중동에까지 이르며 보여 주는 여러 나라 아이들의 생 활상은 보는 이로 하여금 웃음과 안쓰러움과 슬픔을 자아냅니다.

세상의 아이들이 모두 우리처럼 살고 있지 않다는 것을, 그들과 우리는 언 제 어디서나 이어져 있다는 것을 조용하면서도 단호하게 보여 주는 평화 그림책입니다. 특히 마지막 책장을 덮으면 이제 무엇을 해야 할 것인지 생 각하게 하는 '착한' 그림책이기도 합니다. – 책 소개

▶ 그림책을 통해 생각해 보기

① 왜 한 해에 소비되는 전 세계의 무기, 보안, 안보 비용이 식량 비용보다 두 배가 더 많을까?

② 주인공 아이는 라면을 먹다가 다른 나라 아이들과 어떤 이야기를 나누 고 싶어 했을까?

③ 우리가 그림책을 보면서 지속가능발전 목표에 해당하는 17개의 전 세 계적 약속 중 어떤 부분을 생각해 볼 수 있었나?

이 그림책을 통해서 초·중·고등학교 교육과정 중 배우는 '세 계시민'에 대해 연결할 수 있습니다. 더불어 최근 전 세계적인 지 속가능한 발전을 고민하는 차원에서 한 약속인 '지속가능발전교육 (SDGs)'이란 이름으로 이루어지는 교육내용을 다룰 수도 있습니다.

우리 일상에 벌어지는 모순, 격차, 억압 등의 내용이 모두 지속가
능한 발전 내용·과제(Agenda)가 될 수 있기 때문입니다. 이 약속은
모두가 함께 잘 사는, 공생, 공존이 주요한 내용입니다. 한편, 인류
가 발전하면서, 공생해야 하는 현실에서의 지속가능발전 목표는 내
부적 모순이 있음을 지적한 학자들도 적지 않지만 모든 세대와 국가
가 기후 변화와 생물 다양성의 손실, 불평등과 같이 상호 연결된 글
로벌 한 과제를 풀어 가는 지식과 기술, 가치, 태도를 갖추도록 돕는
내용은 필수적으로 익히고 추구해야 하는 방향임은 틀림없습니다.

그렇다면, 그림책을 통해서 지속가능발전교육의 내용 등 다양한
주제 중심 융합 스토리텔링 수업을 기획할 수 있을 것입니다. 예술
교육자는 학습자들과 질문을 통해 어떤 '질성(quality)적 사고'를 만들
어 갈 수 있을까요? 그리고 어떤 도덕적 상상력을 자극하고 꽃 피우
게 할 수 있을까요? 다음의 질문 매트릭스를 참조해 보세요.

〈표 2-1〉 **질문 만들기 매트릭스**

질문 방법	내용질문	비판 질문	상상 질문	실천 질문	종합질문
누가?	~했던 인물은 무엇인가요?	~의 바뀌어야 할 점은 무엇인가요? ~의 말과 행동의 문제점이 있을까요?	만약 ~라면? 만약 ~했다면? 만약 ~한다면?	• 비슷한 경험이 있나요? • 그때 어떻게 했나요? • 비슷한 상황에 부닥치면 어떻게 할 건가요? • 이런 일을 대처하기 위해 무엇이 필요할까요?	• 우리에게 말하고자 하는 바가 무엇일까요? • 교훈은 무엇일까요? • 반성할 점은 무엇일까요?
언제?	~언제인가요?				
어디서?	~그곳은 어디인가요?				
무엇을? 어떻게?	~무슨 일이 일어났나요?				
왜?	~왜 그랬나요? ~의 뜻은 무엇인가요?				

3. 생활에 스며드는 스토리텔링 교육

1) 스토리텔링 교육과 관련된 '하브루타' 교육법이란 무엇일까요?

　　하브루타는 '우정' 또는 '동반자 관계'를 의미하는 아람어입니다. 미슈나와 게마라의 랍비들은 함께 토라를 연구하는 사람을 가리키는 말로서 chaver(חבר, '친구' 또는 '동반자')를 사용하죠. 현대의 언어에서, 하브루타는 '학습 파트너'로 정의됩니다.

　　정통 유대교에서 하브루타는 두 명의 학생이 하나하나를 배우는 것을 말하기도 합니다. 3명 이상의 학생들이 함께 배울 때는 차부라(chavurah)라고 합니다. 개혁 유대교는 하브루타의 아이디어를 함께 공부하는 두세 명, 세 명, 네 명 또는 다섯 명을 포함하는 것으로 확장했습니다(전성수, 2015). 이는 생활세계, 즉 일상에서 나이와 성별, 계급에 차이를 두지 않고 두 명씩 짝을 지어 공부하며 논쟁을 통해 진리를 찾아가는 방식입니다. 이때 부모와 교사는 학생이 마음껏 질문할 수 있는 환경을 만들어 주고 학생이 스스로 답을 찾을 수 있도록 유도하는 역할을 합니다.

　　하브루타 교육방식의 장점과 효과는 비판적 사고력 강화, 소통 능력 향상, 자기 주도적 학습, 지식의 깊이를 불러일으킨다는 것에 있습니다. 이는 학습자가 스스로 해답을 모색하며, 파트너의 서로 다른 관점을 공유하여, 지식의 깊이와 폭을 넓히는 기회를 제공하는 점에서 사고력이 확장될 수 있습니다. 하브루타 학습법이 오늘날 인기가 더 많아지는 이유는 동료와의 소통 기법, 사회구성원으로 필요한 소통, 언어 구사 능력, 공동체적 능력의 향상을 돕기 때문이지요. 하브루타를 발전시키기 위해서는 일상 속 질문하는 습관 만들기, 대화 시간 만들어 습관화하기, 서로의 생각 존중하는 훈련하기, 토론 주제 선정해 보기, 일기나 사색 노트 활용하기 등과 같은 습관을 통해 연계 교육을 실현해야 합니다.

이처럼 예술적 상황에서 교육적 상황을 연결하거나 전환할 때 '핵심 질문'의 역할은 가히 길라잡이자 참여자에게 질성적 사고를 충만하게 하는 것입니다. 교사(이끔이)는 학생(참여자)의 질문을 사랑하고, 바로 그 대답을 하지 않아도 간직하며, 또 교사는 학습의 내용과 학습자의 상황을 반영한 질의를 준비, 반응해야 할 것입니다. 이처럼 인공지능 시대와 지식이 고도화된 사회에 누구와 함께 이야기를 나눌 것인지, 이것은 매우 중요한 문제입니다.

• 교사는 어떻게 탄생하는가 | 바브로 홈 크비스트 스웨덴 현직 교장 | 교사 수업 스웨덴 교육 학교 | 세바시 1037회	• 그림책 하브루타_ 백희나 나는 개다

2) 스토리텔링으로 춤추는 교실이 되기 위한 필요조건은 무엇일까요?

고정관념(편견)을 검토하고, 불필요한 편견을 버리는 일입니다. 반 편견교육이란 무엇일까요? 우리는 살아가면서 정확한 사실에 근거하지 않으면서도 마치 확고한 사실 또는 진리인 것처럼 믿음으로써, 그로 인해 어떤 부정적 태도를 보이거나 행동하게 되어 바람직하지 못한 결과를 일으키는 경우를 종종 경험합니다. 이는 어떤 대상이나 상황에 대한 잘못된 판단, 오해, 치우친 견해가 그것의 본질, 진리를 왜곡했기 때문이지요.

즉, 편견이나 선입견 또는 고정관념 등이 우리들의 인식, 판단, 태도, 행동을 정확하고 공정하지 못하도록 방해하기 때문입니다. 우리가 다른 사람과 더불어 평화롭게 살아가고 사물을 올바르게 인식하고 판단하기 위해서는 '편견'에서 자유로워야 합니다. 편견을 연구한 여러 학자가 편견의 개념에 대한 견해를 종합해 보면, 정확한 지식이나 근거 없이 어떤 개인이나 집단 및 상황에 대해 공정하지 않게 판단하고 이를 정당화시키려는 태도, 경향, 의견, 감정, 신념이라

⟨표 2-2⟩ 생활주제와 관련된 반 편견 교육과정의 예

생활주제	활동명	편견의 영역
나와 유치원	내 모습, 내 마음	외모
건강한 몸과 마음	친구가 다쳤어요 축구를 좋아하는 ○○	장애 성
가족	우리 가족 소개 인형의 집 아이 돌보기	가족 구성 문화, 능력 성, 능력
이웃과 고장	우리 집에 온 손님 거리에서 일(여자 의사 선생님/ 남자 간호사 선생님)	문화 장애 직업, 성
교통기관	가족여행	장애
우리나라와 다른 나라	다른 나라와 일	문화
특별한 날	추석과 추수감사절 새해맞이 등	문화, 신념

출처: 한국어린이육영회(2000).

고 말할 수 있습니다. 즉, 편견은 특정 집단에 소속된 구성원들에 대한 부정적인 태도이며, 그 대상이 지닌 집단적 속성에 대한 근거 없는 부정적인 평가, 공정하지 못하고 한쪽으로 기울어지거나 치우친 생각으로 어떤 사물에 대한 편애, 싫어함, 두려움을 나타내는 견해나 경향을 의미합니다(이인재, 2010).

3) 반 편견교육을 구체적으로 알고 싶습니다.

인류 사회학자 레비 스트로스(Strauss)는 "다양성이 없이는 인류가 진정으로 살아갈 수 없다."라고 말하였습니다. 즉, 다양성을 인정하자는 것이지요. 반 편견이라는 용어는 선입견, 고정관념, 편견 등에 이의를 제기하는 능동적인 접근을 의미합니다. 반 편견교육이라는 용어를 처음으로 사용한 더 스파숍 코스(Derman-Sparks)에 의하면, 반 편견교육이란 성, 인종, 장애, 사회, 경제적 배경, 종교 등에 상관없이 모든 사람을 존중하고 특정 부분에 대해 편견을 갖지 않도록 하는 것입니다. 사실 더 나은 사회, 개인을 돌아보게 하는 힘을 기르는 교육 방법론입니다. 한마디로 반 편견교육은 학생들이 일상생활에서 개인적으로나 사회적으로 직면하거나 직면할 수 있는 다양한 영역에서의 편견, 고정관념, 선입견에 따라 편협하게 인식하고 행동하지 않도록 함으로써 편견으로 인해 발생할 수 있는 갈등을 예방하고 해소하는 교육이라고 할 수 있지요.

버려야 할 의식, 고정관념은 많은 것을 놓치게 하므로 유연성과 다양성을 기르는 힘을 교육을 통해 얻고자 하는 것입니다. 다시 말해 다른 문화나 피부색, 종교 등에 대한 고정관념이나 편견, 차별적인 행동이 다른 사람에게 커다란 고통과 피해를 준다는 사실을 깨닫게 하고, 자신과 다른 것에 대한 이해와 존중을 통한 긍정적인 수용 과정에서 자신의 문화적 정체성을 스스로 확립할 수 있도록 돕는 체계적인 교육입니다. 그러나 반 편견교육을 통해 도달하고자 하는 목표는 학자마다 차이도 있습니다. 그렇지만 거의 모든 학자는 반 편견교육을 긍정적 자아 정체감 발달시키기, 감정이입적 상호 작용하기, 편견에 대해 비판적으로 사고하고, 행동하기 등에 초점을 맞춥니다. 반 편견교육은 고정관념, 편견을 없애고 자기와 다른 집단이나 그 집단에 속한 사람들의 입장이나 시각에 대한 이해를 통해 차이와 다양성 및 그 가치를 인정할 수 있는 능력을 함양하는 데 목적을 둡니다(이인재, 2010).

감정이입적 상호작용, 자아 정체감은 예술교육이 할 수 있는 능동적 이야기와 문학적 구조와도 연결됩니다. 열린 사고를 확장할 수 있는 문학 구조에서 학생들의 도덕적 상상력을 촉진하고 도덕적인 성장을 도와 세계시민으로서의 자질을 갖추는 데 효과적입니다. 특히, 윤리교육 측면에서는 다문화와 관련하여 무엇을, 어떻게 가르칠 것인가의 문제를 관심 있게 다루는데, 예술교육에서도 내용의 문제와 관련하여 다양한 문화적 가치를 인식하고 문화적 편견을 해소하기 위해 반 편견교육이 이뤄질 수 있습니다. 활용사례로는 문학 장르 중 전래동화는 동화를 들려준 후 전래동화의 느낌, 문제 해결, 편견적 내용에 관해 이야기 나눌 수 있고(예: 혹부리영감), 동화에 대한 패러디를 만들어 들려주고 반대 관점을 생각해 볼 수 있으며(예: 콩쥐·팥쥐 원작, 쌀쥐 보리쥐 패러디), 여러 나라의 유사한 전래동화를 들려주고 같은 점과 다른 점을 생각해 볼 수 있습니다(예: 해와 달이 된 오누이 한국판). 동화는 반 편견 상황이 있는 생활 동화를 활용하는 방법이 있으며, 반 편견 관련 주제로 능력(청각장애), 가족, 의사

전달 방법이 있겠습니다.

　이 외에도 교실에서 학생들이 직접 창안한 이야기나, 사연 있는 인형을 교사가 창안하거나 빈 의자 기법, 공간 기법을 활용하여 학습자들이 다 같이 허구의 인물을 창조하여 투사하는 기법으로 학습자 참여를 유도할 수 있습니다. 여기서 말하는 빈 의자 기법은 빈 의자를 놓고 자신과 중요한 관계에 있는 인물들을 설정한 후 대화하는 것을 말하는데, 심리극(Psychodrama)에서 주로 많이 사용하는 기법입니다. 위인전은 기존처럼 위인의 잘 한 점뿐만 아니라, 공과 실을 포함해 입체적으로 즉, 개인적·문화적·역사적 맥락에서 인물 중심의 스토리텔링 기법을 활용할 수도 있습니다. 한 예로, 방정환, 세종대왕, 손흥민 등 인물과 인물의 생애사를 통한 반 편견 관련 주제를 다룰 수 있습니다. 좀 더 구체적으로 말하자면, 문학적 접근하기, 토의하기, 이야기 창안하기, 가정 연계 활용 등을 가지고 수업 환경을 만들어서 반 편견 교육자료로 활용할 수 있습니다. 즉, 다양한 성 역할, 인종/문화적 배경, 다양한 직업, 나이, 능력, 과거와 현재를 포함한 다양한 시간과 장소, 의미 있는 에피소드, 위인의 공과 실, 정면 교사와 반면교사로 삼을 수 있는 나에게 의미 있게 와닿는 것 이야기하기 등과 같은 활동이 좋습니다(DeMelendez, Beck & Fletcher, 2000).

　이러한 상상 활동을 통한 자료들은 사회적 맥락을 고려한 상태에서 대조적인 삶의 모습과 형태를 보여 주는 환경, 언어, 주어진 사건이나 사물을 표현하는 안전한 교구들과 함께 구성하는 것이 좋습니다. 이것은 미국에서 적극적으로 추진하는 'DE&I(Diversity, Equality and Inclusion: 다양성, 형평성, 포용성)'의 확산과도 관계됩니다. 최근 인재경영, 기업경영, 조직경영 관점으로 주목받는 DE&I는 혁신을 위한 기회와 연결됩니다.

〈표 2-3〉 반 편견을 위한 예술교육 커리큘럼 대조표 핵심 질문

다양성과 소속감	문화 자본	비판성
• 당신의 커리큘럼에는 인종적으로나 다양한 사회문화적 배경을 가진 다양한 예술가, 제작자, 디자이너가 포함되어 있습니까? • 커리큘럼에 사용하는 문화, 제작자, 미술품, 소품에 대해 생각할 기회가 있습니까? • 지역사회의 예술가, 제작자, 디자이너에 대한 언급이 있습니까? • 커리큘럼에서 주제나 수업의 양식을 다양하게 구성하고 있습니까? • 학습자가 개별화와 그룹화가 다양하게 섞일 수 있도록 교수학습전략을 구성하고 있습니까?	• 당신의 커리큘럼은 문화 자본을 어떻게 다루고 있습니까? • 당신의 커리큘럼은 학생들이 역사적으로나 현대 문화·예술을 통해 그들의 주변 세계를 탐험할 수 있게 합니까?	• 당신의 커리큘럼은 인종과 민족 정체성에 관한 역사적·현대적 이슈를 토론, 질문, 탐구할 기회를 제공합니까? • 인종과 인종 관계에 대한 또는 다양한 사회문화적 배경 속 역사적·현대적 사상에 대한 학생들의 이해와 비판적 의식을 발전시키기 위해 교육과정에 맞춰 계획한 적이 있습니까?

출처: https://arte365.kr/?p=89030.

4. 인문 소양을 위한 스토리텔링 교육의 새로운 패러다임

1) 공존 능력으로의 '호모 로쿠엔스'란 무엇인가요?

공존 능력을 위한 것 중 가장 대표되는 지능은 언어 지능이라고 합니다. 인간은 언어적 본능을 가지고 있습니다. 이것을 호모 로쿠엔스(Homo Loquens)라고 합니다.

> "교수님, 과제 마감 시간 안내에 적힌, '정오'와 '자정'이 뭐예요?"
> "(듣지 않고) 교수님, 과제가 뭐라고 하셨죠?"

몇 년 전이나 지금이나 수업 때 심심치 않게 듣는 이야기입니다. "듣지 않고 읽지 않는 사회에서 함께 어울려 살아갈 수 있을까?" "인터넷과 스마트 폰 등 디지털 기술의 발전으로 모든 것이 연결된 초연결 사회에서 공존 능력은 해도 그만, 안 해도 그만 아닐까?" 어떤 때는 이런 의문들이 생길 때가 있습니다.

영국 경제학자 노리나 허츠(Hertz)는 자신의 저서 『고립의 시대』를 통해서 고립 혹은 외로움이 한 개인으로 헤쳐나가기 어려운 사회적 · 공동체적 병리 현상이라는 것을 보여 줍니다. 공존은 두 가지 이상의 사물이나 현상이 함께 존재하고, 서로 도와서 함께 존재하는 것을 의미합니다.

공존 능력은 저절로 형성되는 것일까요? 절대 그렇지 않습니다. 최근 교육의 삼각 주체인 학부모, 교사, 학생 간의 신뢰가 무너지는 모습들을 봅니다. 교육 현장 안팎으로 이기심과 소외감이 늘어나는 현상을 많이 봅니다. 교권과 학습권 모두 무너지고 있습니다.

또래의 상호작용에서도 긍정적 상호작용과 부정적 상호작용이 있습니다. 긍정적 상호작용에는 제안, 부탁, 명확한 표현, 참여, 호명, 협상, 경청, 미안함, 고마움, 친절한 답변, 칭찬, 위로 등이 있으며, 비언어적 상호작용에는 미소, 나누기, 도와주기, 질서 지키기, 협동하기, 양보하기 등이 있습니다(백지숙, 권은주, 2017). 그리고 부정적 상호작용에는 이유 없는 거절, 무시, 놀림, 비난, 위협 등이 있으며, 비언어적 상호작용에는 울기, 짜증 내기, 화내기, 방해하기, 빼앗기, 때리기 등이 있습니다. 현대사회에서는 말을 잘 알아듣고 말을 잘할 줄 아는 데도 불구하고 특정적인 상황에서는 의도적으로 말을 하지 않는 선택적 함구증에 걸린 아동들이 급속히 늘어나고 있습니다. 선택적 함구증이 발병하는 시기는 대개 3~6세경이지만 유치원이나 초등학교에 입학한 후에야 겨우 병원을 방문하는 경우가 많습니다. 선택적 함구증은 무서운 질환 중 하나로 인간과 인간 사이의 공존을 위협하고 있습니다.

인간은 혼자 살 수 없으며, 독립적이지만 또 상호의존적인 속성을 지닙니다. 실제로 나쁘거나 부족한 사회적 관계는 우리의 뇌에 안 좋은 영향을 끼치면서, 위험하거나 대처상황을 인지하지 못하고 맥락을 벗어난 선택을 하도록 이끕니다. 과거에 쥐를 통해 실험한 사례가 있습니다. 'The lonely mouse'로 불리는 유명한 실험입니다. 태어난 지 3개월 된 쥐를 우리(캐비넷) 속에 가두어 4개월 동안 혼자 지내게 놔둔 다음에, 새로운 쥐를 우리 안으로 들여보냈을 때 어떤 일이 벌어졌을까요? 괴롭히는 쥐, 숨는 쥐, 두려워하는 쥐, 함께 공존하며 노는 쥐 등 다양한 현상이 나타났습니다. 실험의 결과, 공존하는 쥐의

뇌가 가장 활발하고 건강한 뇌파를 형성하였습니다(윤태희, 2016).

공존을 위해서는 언어 지능과 원만한 소통하기 위한 문해력이 필요합니다. 앞으로 우리의 문해력 교육은 어떤 방향으로 나아가야 할까요? 먼저 공교육에서는 2024년부터 초등학교 1·2학년 국어 수업 시간을 34시간으로 늘리고, 글을 정확히 읽고 이해하며 올바르게 쓰는 것을 성취기준으로 삼고 있습니다(교육부, 2021). 2022 개정 교육과정에서의 초등 1·2학년에는 한글 학습을 다양한 놀이와 결합한 흥미로운 활동, 그림과 결합 등 문화예술과 융합할 수 있는 요소를

〈표 2-4〉 2022 개정 교육과정에 제시된 초등학교 2학년 창의융합예술 활동 연계 성취기준 예시

영역	성취기준
읽기 영역	[2국 02-01] 글자, 단어, 문장, 짧은 글을 정확하게 소리 내어 읽는다. • 몸으로 문자를 표현하는 등의 신체 놀이, 첫음절이 같은 단어를 다양하게 떠올려보는 연상 놀이 등을 활동 중심 수업과 연계
쓰기 영역	[2국 03-04] 겪은 일을 표현하는 글을 자유롭게 쓰고, 쓴 글을 함께 읽고 생각이나 느낌을 나눈다. • 신체 놀이, 연상 놀이, 질문 놀이 등 놀이 중심으로 교수·학습 진행 • 자신의 경험을 글과 그림으로 함께 표현하도록 지도하는 것도 가능
문법 영역	[2국 04-01] 한글 자모의 이름과 소릿값을 알고 정확하게 발음하고 쓴다. • 말놀이나 신체 놀이, 수수께끼 등 흥미로운 활동 • 한글에 관해 관심과 흥미를 느낄 수 있도록 일상에서 접할 수 있는 다양한 매체 자료를 활용하여 학습자들이 국어 표기 수단인 한글에 호기심을 가질 수 있도록 지도
문학 영역	[2국 05-03] 작품 속 인물의 모습, 행동, 마을을 상상하여 시, 노래, 이야기, 그림으로 표현한다. • 교육연극, 극 놀이, 음악극 등 창의융합예술로 상상(as~if) '만약~라면' 경험 교육
매체 영역	[2국 06-02] 일상의 경험과 생각을 그림으로 표현한다. • 친숙한 주제(자신, 친구, 가족, 학교, 교실)를 통한 그림일기, 생각과 느낌을 표현하고 상호작용하는 표상 활동과 대담

포함하고 있습니다.

　이처럼 기초 문해력 강화로 초등학교 1·2학년뿐만 아니라, 고등학교에서도 독서 활동 과목이 도입되었습니다. 그리고 모든 학교(초·중·고)에 디지털 리터러시 수업이 강화됨에 따라 고등학교 국어 교과에 '매체' 과목과 고교학점제에 따른 선택과목 '문학과 영상' '매체 의사소통'이 신설되었습니다. 고등학교에서의 '독서와 작문' '주제 탐구 독서' 등 독서 토론과 글쓰기 강화는 인간의 기초 의사소통, 공동체 형성, 문제 해결과 밀접한 연관을 맺고 있습니다.

　초연결 사회에서 공존 능력을 올바르게 키우기 위해서는 무엇보다도 언어 지능을 높이는 것이 중요합니다. 언어를 습득하고 언어를 이해하며, 그리고 언어로 소통하고 언어로 표현하는 것을 종합적으로 언어 지능이라고 볼 때(AI-MIT 다중지능연구소), 이 긍정적인 언어 지능은 공존을 위해 매우 필연적이라고 생각합니다.

2) 일상생활에서 소통 능력 향상을 위한 예술 놀이로는 무엇이 있을까요?

　우리는 우리의 생활 속에서 소통 능력 향상을 위하여 무엇을 할 수 있을까요? 서로 얼굴을 마주 보고, 표정을 읽게 해 볼까요? 그리고 표정으로 표현해 볼까요? 아동기의 정서 인지 그리고 사회적 행동과 연결된 표정 놀이로 동요 또는 오감각(시각, 청각, 미각, 후각, 촉각)을 사용해 볼 수 있습니다.

　공존에 있어 아동이든 성인이든 얼굴의 표정 읽기는 상당히 중요합니다. 노리나 허츠는 『고립의 시대』에서 얼굴의 표정 읽기는 타인의 정서 상태를 인식하는 것이라고 강조합니다. 우리는 타인의 얼굴

표정을 통해서 정서 심리를 파악할 수 있습니다. 이러한 점에 착안하여 미국의 보스턴대학교에서는 표정 읽는 방법에 관한 수업을 개설하였는데, 단연 인기가 있었다고 합니다.

이처럼 성인기가 되어서도 사회정서와 연결된 언어 상호작용과 관계하는 훈련을 통해 문제를 해결하는 연습을 하고, 다른 사람과 마주 보며 긍정적인 관계를 맺으며, 그리고 다른 사람의 얼굴에서 나를 비추어 보기를 바랍니다.

동요 '표정 놀이' 노랫말

▶ 표정놀이 동요

표정 놀이해 보자 어떤 표정 지어 볼까
즐거울 때 짓는 표정 웃는 표정 지어 봐 스마일
표정 놀이해 보자 어떤 표정 지어 볼까
슬플 때 짓는 표정 우는 표정 지어 봐 음
표정 놀이해 보자 어떤 표정 지어 볼까
화가 날 때 짓는 표정 화난 표정 지어 봐 잉
표정 놀이해 보자 어떤 표정 지어 볼까
잠이 올 때 짓는 표정 졸린 표정 지어 봐 아함

• 수업 중 교과서 단어의 뜻을 몰라 진도를 나가지 못하는 교실 | 대한민국 초중학교 학생들의 문해력 실태 | 교과서를 읽지 못하는 아이들 | (EBS)

• 최강1교시: 문해력, 어떻게 키울 수 있나? ep.03 | 교육학자 신종호

• 데이트하고 레포트 쓰는 게 과제라고? 세종대 수강신청 3초 컷 교양 수업 맛보기 | #유퀴즈온더블럭

생각 나누기

- 하브루타 교육법을 실천해 보고 싶은 주제를 이야기해 봅시다.
- 기억에 남는 좋은 질문이 있나요? 좋은 질문에는 어떠한 특징과 요소가 있는지 말해 봅시다.
- 편견(선입견)이 있었던 경험이나 편견에 관한 생각이 바뀐 경험이 있었는지 이야기해 봅시다.
- 스토리텔링 기반 예술교육자로서 시도해 보고 싶은 프리텍스트(pretext)는 무엇인가요?

참고문헌

교육부(2021). 2022 개정교육과정 총론 주요사항. 교육부.

류지웅(2022). 드라마 수업에서 프리텍스트의 의미와 기능 고찰. 서울교육대학교 교육전문대학원 석사학위논문.

백지숙, 권은주(2017). 부모-유아 상호작용, 또래작용, 교사-유아 상호작용이 유아의 사회적 유능감과 언어 및 문해능력에 미치는 영향. 한국보육학회지, 17(2), 99-114.

서울문화재단(2011). 서울문화재단 창의예술교육을 위한 중장기 발전방안 연구보고서. 서울문화재단.

안지언(2023). 삶이 사랑한 예술. 미다스북스.

안지언(2024). 창의융합예술교육. 커뮤니케이션북스(학이시습).

윤태희(2016). '외로움과 관련된 뇌 부위 찾았다(美)'. Now news. https://nownews.seoul.co.kr/news/newsView.php?id=20160220601007

이대영(2018). 스토리텔링의 역사. 커뮤니케이션북스.

이인재(2010). '반편견교육이란 무엇인가?'. 한국교육신문. https://www.hangyo.com/news/article.html?no=75960

전성수(2015). '질문하고 토론하라, 하브루타 교육법'. 행복한 교육 2015년

2월. https://happyedu.moe.go.kr/happy/bbs/selectHappyArticle.
do?bbsId=BBSMSTR_000000000216&nttId=3763

최지영(2011). 예비텍스트에서 출발한 연극만들기 발표문. 한국교육연극학
회 추계학술대회 발표집.

태진미(2023). 사람책모델학교: 방정환 편. https://www.youtube.com/
watch?v=cQSbi7Uoml4

한국어린이육영회(2000). 사고를 넓히는 반편견 그림책 교사용 지침서. 한국
어린이육영회.

DeMelendez, W. R., Beck, V., & Fletcher, M. (2000). *Teaching Social
Studies in Early Education*. Cengage Learning.

Hertz, N. (2021). 고립의 시대 (*The Lonely Century: How to Restore
Human Connection in a World That's Pulling Apart*). (홍정인 역).
웅진지식하우스. (원저는 2021년에 출판).

Nikolajeva, M., & Scott, C. (2011). 그림책을 보는 눈: 그림책의 분석과 비평
(*How Picture books Work*). (서정숙, 고선주, 송정 역). 마루벌. (원
저는 2006년에 출판).

Smith, R. A. (2023). 문화예술교육: 인간경험 형성과 심미적 교육 (*Arts
Education as Liberal Education*). (정옥희 역). 박영사. (원저는 1993
년에 출판).

Vygotsk, L. S. (2017). 비고츠키의 예술심리학 (*The Psychology of art*). (강
진우 역). 연극과인간. (원저는 1925년에 출판).

[사이트]

• 국가교육과정정보센터 https://ncic.re.kr/mobile.brd.ntc.view.do;jses
sionid=58EF187A8B25C0EEEC1725DB070E8080?articleNo=10000071
• 아르떼 365 https://arte365.kr/
• AI-MIT 다중지능연구소 https://www.aimit.co.kr/

03

인문과 큐레이터

—

안현정

이 장에서는 전시기획의 주체인 큐레이터가 인문학과 어떻게 연계되는지를 이해하고 큐레이터가 다양한 작품과 교류하면서 어떤 역할을 하는지를 알아본다. 이 장은 현장 중심적인 질문과 답변을 통해 이론과 실무를 골고루 갖춘 현대적이면서도 미래지향적인 큐레이터를 양성하는 데 중요한 정보를 준다. 박물관의 역할과 유형, 역사와 기능, 전시 및 교육프로그램의 개발과 실행 등을 통해 현대사회가 요구하는 큐레이터학의 기초 이론을 살펴보고자 한다.

1. 큐레이터의 이해

1) '큐레이터'란 무엇일까요?

큐레이터는 박물관이나 미술관에서 관람객을 위해 전시회를 기획하고 작품을 수집하며, 관리를 담당합니다. 여기에서는 공간 시각 능력, 창의력, 대인 관계 능력 등이 필수입니다. 가장 먼저 소장품과 관련된 학술적인 연구업무를 수행합니다. 관람객에게 소장품이나 자료에 대한 이해를 돕기 위해 교육프로그램을 개발하고 실행하기도 하지요. 미술관 큐레이터는 미술 관련 예술작품의 전시를 기획한다면, 박물관 큐레이터는 역사 관련 작품의 전시에 더 많은 시간을 할애합니다. 작품 선정과 수집이 끝나면 미술관 혹은 박물관의 공간과 작품 수량, 주제를 고려하여 작품을 진열합니다. 전시할 작품의 진위를 판단하고 소장 작품인 경우에는 훼손되지 않도록 관리하는 역할까지 담당합니다. 이같이 큐레이터는 엄청나게 많은 일을 하는 '다재다능한 문화전달자'라고 할 수 있습니다.

2) 어떤 성향의 사람이 큐레이터 직업에 어울릴까요?

큐레이터에게는 예술적인 안목이 필요하며 전시 의도가 관람객에게 더욱 잘 전달되도록 기획할 수 있는 창의성, 혁신적인 사고가 요구됩니다. 큐레이터는 주의 깊은 관찰력과 탐구 자세를 갖추어야 하며, 역사를 비롯해 다양한 문화권의 생활양식, 언어, 예술 등 문화전반에 대하여 큰 관심과 흥미를 느껴야 합니다. 큐레이터는 탐구

형과 예술형의 흥미를 느낀 사람에게 어울리는 직업으로, 꼼꼼하고, 적응이 빠르고 분석적 사고 등의 성격을 가진 사람에게 유리합니다.

3) 큐레이터는 일이 많은 직업인가요?

사람들은 대부분 큐레이터가 여유 있는 직업이라고 생각하지만, 실상을 들여다보면 야근이 많습니다. 모든 전시회는 개막 날짜가 정해져 있는데, 기간 내에 모든 준비를 마치려면 시간이 빠듯할 때가 많기 때문입니다. 관객들에게 좀 더 완성도 높은 전시회를 소개하고 싶다는 욕심이 큐레이터들을 밤샘도 불사하게 만듭니다. 새로운 전시를 만들어 내야 하는 창작의 고통도 있습니다. 작가와 대중의 관심을 파악해 사람들이 쉽게 이해할 수 있는 새로운 전시회를 계속 기획해야 하기 때문입니다. 육체적인 노동도 상당히 많습니다. 유물이나 작품을 직접 옮길 때도 있고, 벽에 못을 박거나 진열장 내부를 청소해야 할 때도 있습니다. 그러나 하나부터 열까지 모든 것을 만들어 내는 큐레이터라는 직업은 현대문화의 꽃이라고 할 수 있습니다.

4) 일이 많음에도 불구하고 큐레이터를 하는 까닭은 무엇일까요?

자신의 손끝에서 탄생한 전시를 찾는 사람들이 많고, 관람객들이 즐거워할 때 큐레이터는 행복감을 느낍니다. 역사에 이름을 남길 작가들과 짧게는 몇 달, 길게는 몇 년간 일대일로 소통하고 그들의 인생에 참여하는 것도 매력적인 일이기 때문입니다. 미술 지식은 기본이고, 다양한 분야에 관심을 가져야 합니다. 큐레이터가 미술이나

역사, 유물에 대한 지식만 풍부하다고 되는 건 아닙니다. 전시는 예
술과 인문은 물론, 경영 등의 다양한 분야를 아우르는 융·복합적인
분야이기 때문입니다. 사람들의 흥미를 끄는 전시를 만들려면 추세
(trend)를 파악하는 능력이 있어야 하고, 현상을 꿰뚫어 보는 통찰력
도 필요합니다. 또한, 전시 작품을 진열하는 감각도 갖추어야 하고
도록을 제작할 때는 글쓰기 능력도 요구됩니다. 가장 중요한 것은
연구하고 공부하는 자세입니다. 큐레이터는 작가와 작품의 소장자,
대중들을 설득해야 하는 중간자 역할을 잘 수행하여야 합니다.

5) 큐레이터는 도슨트나 갤러리스트와 어떻게 다른가요?

큐레이터는 박물관이나 미술관에서 전시회를 기획하고 작품을
수집·연구·관리하는 사람입니다. 전시회를 찾은 관람객들에게
전시에 관해 설명하는 일을 하는 도슨트나 상업화랑인 갤러리에서
작품을 진열하고 갤러리 운영에 관한 행정업무를 담당하는 갤러리
스트와는 다릅니다. 국내에서는 큐레이터와 갤러리스트를 혼동하
기도 하지만, 갤러리스트는 그림을 파는 영리를 추구한다는 점에서
미술관·박물관 큐레이터와는 전혀 성격이 다릅니다.

6) 박물관·미술관·독립 큐레이터의 차이점도 알려 주세요.

박물관 큐레이터와 미술관 큐레이터는 다루는 작품부터 차이가
있습니다. 박물관 큐레이터는 유물이나 역사적으로 의미 있는 미술
품 등을, 미술관 큐레이터는 회화·조각·사진 등 예술품을 조사·
연구·관리합니다. 독립 큐레이터는 미술관이나 박물관 등 특정 기

관에 속해 있지 않고 전시회를 기획하는 사람을 말합니다. 최근에는 미술관이나 박물관 외에서도 대중과 소통하는 전시회가 증가하고 있어 독립 큐레이터의 영역도 점차 넓어지고 있습니다. 다음 〈표 3-1〉은 박물관이나 미술관의 큐레이터 자격요건을 보여 줍니다.

〈표 3-1〉 학예사 자격요건

자격명칭	박물관 · 미술관 학예사
자격종류	1급 정학예사, 2급 정학예사, 3급 정학예사, 준학예사
자격부여	박물관 · 미술관 학예사운영위원회의 심의를 거쳐 자격증 부여
시행근거	「박물관 및 미술관 진흥법」 제6조 「박물관 및 미술관 진흥법」 시행령 제3~5조 「박물관 및 미술관 진흥법」 시행규칙 제2~4조

출처: 문화체육관광부 홈페이지

　다음 〈표 3-2〉는 박물관과 미술관의 등급별 큐레이터 자격요건을 보여 줍니다(큐알코드 참조).

〈표 3-2〉 박물관과 미술관의 등급별 큐레이터 자격요건

1급 정학예사	2급 정학예사 자격을 취득한 뒤 경력인정대상기관에서의 재직경력이 7년 이상인 자
2급 정학예사	3급 정학예사 자격을 취득한 뒤 경력인정대상기관에서의 재직경력이 5년 이상인 자
3급 정학예사	• 박사학위 취득자로서 경력인정대상기관에서의 실무경력이 1년 이상인 자 • 석사학위 취득자로서 경력인정대상기관에서의 실무경력이 2년 이상인 자 • 준학예사 자격을 취득한 뒤 경력인정대상기관에서의 재직경력이 4년 이상인 자

준학예사	• 고등교육법의 규정에 의하여 학사학위 이상을 취득하고 준학예사 시험에 합격한 자로서 경력인정대상기관에서의 실무경력이 1년 이상인 자 • 고등교육법의 규정에 의하여 3년제 전문학사학위를 취득하고 준학예사 시험에 합격한 자로서 경력인정대상기관에서의 실무경력이 2년 이상인 자 • 고등교육법의 규정에 의하여 2년제 전문학사학위를 취득하고 준학예사 시험에 합격한 자로서 경력인정대상기관에서의 실무경력이 3년 이상인 자 • 학사학위 또는 전문학사학위를 취득하지 아니 하고 준학예사 시험에 합격한 자로서 경력인정대상기관에서의 실무경력이 5년 이상인 자

출처: 문화체육관광부 홈페이지

• 학예사 자격증 관련	• 박물관 및 미술관 진흥법

더 알기 ▶ 큐레이터의 다양한 명칭들

• 동양: 일본에서는 학예원(學藝員). 국내 유입 초기에는 박물감(博物監)으로 불렀으나, 현재는 학예사, 학예연구원, 학예연구사 등을 중복으로 사용합니다.

• 서양: 영미권에서는 큐레이터(Curator)로, 프랑스에서는 콩세르바퇴르(Conservateur)라 칭합니다. 박물관과 미술관의 소장품에 관한 연구, 분류, 보존, 관리, 가치 향상을 위해 과학적인 연구와 기술적인 보존을 책임지는 사람을 말합니다.

2. 인문예술의 전달자, 뮤지엄 큐레이터

1) 인문학과 큐레이터의 관계성을 설명해 주세요.

인문학(humanities)이란 인간의 사상 및 문화를 대상으로 하는 대부분의 학문 영역을 말합니다. 미술은 이러한 인문 영역을 시각화하는 분야를 통칭합니다. 이를 대중들에게 잘 전달해 주는 이가 바로 큐레이터입니다. 미술관 큐레이터들은 회화·조각·공예품 등의 작품을 기획하여 감상·계몽·연구를 위해 전시를 기획하는 전문가를 말합니다. 동시대의 중요한 사건이나 현상들을 미술 언어로 옮겨서 기획하는 일을 합니다. 박물관이 문화유산을 연구하고 교육함으로써 대중과의 커뮤니케이션을 중시하는 곳이라면, 미술관은 동시대의 흐름을 보여 줄 수 있는 현대 작가들의 작품을 전시함으로써 제도적 관점을 벗어나 자유롭고 실험적인 성향을 드러냅니다. 큐레이터는 인문 영역의 다양한 시각들을 한눈에 펼쳐 내는 '인문디렉터'라고 할 수 있습니다.

2) 큐레이터의 일터인 뮤지엄은 '영감의 여신인 뮤즈들의 집' 이라 하던데요.

예술의 후원자인 뮤즈는 제우스(Zeus)와 기억의 여신(Mnemosynē) 사이에서 태어난 9명의 딸들입니다. 이 뮤즈들(mousai)은 예술의 후원자였습니다. 즉, 웃는 가면과 목양 신의 지팡이를 가지고 다니는 탈리아(Thalia)는 희극의 뮤즈(mousa)이고, 비극의 가면을 들고 다니는 멜포메네(Melpomenē)는 비극의 뮤즈, 에라토(Erato)는 비가의 뮤즈, 입술에 늘 손가락을 대고 다니는 폴리힘니아(Polyhymnia)는 서정시(무언극)의 뮤즈, 칼리오페(Calliopē)는 변론술과 영웅시의 뮤즈, 에우테르페(Euterpē)는 음악의 뮤즈, 테르프시코레(Terpsichorē)는 무용의 뮤즈, 지구의(地球儀)를 들고 다니는 우라니아(Urania)는 천문술의 뮤즈, 긴 나팔을 들고 다니는 클리오(Clio)는 역사의 뮤즈입니다. 따라서 고대 희랍인들은 이러한 뮤즈 여신들의 보호를 받는 모든 행위를 일컬어 무시케(mousikē)라고 불렀습니다. 말 그대로 정신적인 영역의 인문학을 예술과 함께 본 것인데요. 영어에서 음악을 의미하는 'music'이나 미술관을 의미하는 'museum' 등은 이 여신들의 이름에서 유래하였습니다. 오늘날 관점에서 보자면 천문학과 역사를 제외하고는 대부분이 인간 내면의 세계를 드러내는 표현예술들이 이 뮤즈를 소유하는데요. 게다가 그 예술은 주로 문학, 즉 시의 영역이 많습니다.

[그림 3-1] 〈피카소와 뮤즈〉(1935)(좌),
〈젊은 헤시오도스에게 영감을 주는 뮤즈〉(구스타프 모로, 1891)(우)

출처: 오르세미술관, 저자 직접 촬영

3) 뮤즈는 유명화가들의 그림에 많이 나오는데요? 그런데 미술의 뮤즈는 없었나요?

　미술은 육체적 행위인 테크네로 간주되어 '뮤즈의 영역'에 들어가지 못했습니다. 자신이 고대 시대에 인정받지 못했기 때문일까요. 그래서인지 오늘날에도 뮤즈의 흔적은 시의 영역이 아닌 미술의 영역 즉, 미술관·박물관을 뜻하는 뮤지엄에서 발견됩니다. 갖지 못했던 것을 갖고 싶은 심리가 반영된 탓입니다. 물론 음악을 지칭하는 music의 어원과 음악가를 뜻하는 musician도 각각 무시케(mousikē)와 무시코스(mousikos)에서 파생하였습니다. 말 그대로 고대의 뮤즈란 예술가를 지칭하기보다, '진정 교육을 잘 받고 교양을 갖추어서 예술을 이해하고 또한 실기에도 능한 사람'을 의미했다고 볼 수 있습니다. 플라톤은 그의 스승 소크라테스만이 '세상에 존재하는 진정한 무시코스'라고 말한 바 있답니다. [그림 3-1]의 오른쪽 그림에는 남녀 한 쌍이 범상치 않은 자세를 취하고 있습니다. 하프를 연주하며 노래(시)를 부르고 있는 인물은 젊은 예술가 헤시오도스에게 영감을 주는 후원자로 묘사되고 있습니다. 월계관을 쓴 헤시오도스는 자기 입에서 흘러나오는 노랫소리에 도취되어 있습니다. 상징주의 화가 모로(Moreau, 1826~1898)는 예술가와 뮤즈의 관계를 영감을 주는 여신과 인간으로 표현했지만, 왼쪽의 피카소는 자신이 사랑하는 여인을 뮤즈로 표현했습니다.

4) 현재와 같은 박물관은 언제부터 시작됐나요?

　박물관이란 용어는 고대의 '뮤제이옹(museion)'이라는 단어에서 유래하였습니다. 앞서 살펴본 대로 뮤즈의 집(the house of muse)을 의미합니다. 뮤제이옹은 그리스 신화의 제우스(Zeus)의 아홉 여신들의 '뮤즈의 신전' '명상의 장소' '진리를 탐구하는 시설' 등을 의미합니다. 서구 박물관 최초의 기록은 기원전 284세기경에 완성된 뮤제이옹 알렉산드리아(Museion of Alexandria)입니다. 알렉산더 원정 이후에 이집트의 왕 프톨레이 필리아델퍼스왕이 부왕인 프톨레미 소테르의 유언에 따라 뮤제이옹 알렉산드리아를 조성하고, 이곳에 부왕이 생존에 사용하던 물건과 예술품을 보관했습니다. 당시에는 신전으로 사용하면서, 학자들이 문예와 철학을 연구하며 담소하는 교제의 장소로 활용했습니다. 이에 더해서 예술품과 서적을 수집하여 소장하고, 진기한 동 · 식물을 사육 · 재배하는 등 '도서관+박물관+종교시설'의 기능을 담당한 것입니다. 현대적 개념의 박물관은 17세기 유럽에서 시작했습니다. 영국의 경우는 1682년 엘리아스 에쉬몰(Elias Ashmole)이 트라데산트(Tradescant)의 수집품과 자신의 수집품을 옥스포드(Oxford)대학교에 기증하면서 박물관이 형성되었습니다. 프랑스의 경우, 1789년 혁명 이후 결과로 대두된 내셔널리즘(nationalism)은 귀족의 소유물을 시민 전체의 것으로 부각하여 이를

[그림 3-2] 프랑스 루브르 박물관(좌), 프랑스 오르세 박물관(우)

출처: 저자 직접 촬영

국가의 문화유산(문화재)으로 이해하도록 하여 민족의식을 고취하였습니다. 이렇듯 시민혁명의 결과로 종교에 대한 의미가 변화하자, 1773년 교황청 역시 바티칸 궁을 '바티칸박물관'으로 이름을 바꾸고 오늘에 이르고 있습니다.

5) 인문학의 모든 내용을 보관하는 박물관의 주인은 누구인가요?

바로 여러분입니다. 일반 대중을 위한 프로그램이 개발되고, 공익을 위한 봉사가 박물관의 주요 기능에 포함되기 시작하면서 박물관은 특정 계층의 것이 아닌 공공의 영역이 되었습니다. 이제 박물관은 일부 계층을 위해 다양한 유물을 수집하여 유리 전시관 속에 보관하거나 진열해 놓는 그러한 공간이 아닙니다. 일반 대중이 소장품을 이해하도록 도와주고, 이를 위해 체계적인 전시 및 교육프로그램들을 선보이고 있습니다.

다음의 큐알코드는 전시 및 교육프로그램의 이해에 앞서 문화유산에 대한 전반적인 이해를 도와줍니다.

• 유네스코와 문화유산	• 국가유산 포털

> **더 알기** 　**한국 최초의 사립박물관, 간송미술관**
>
> - 한국 최초의 근대식 사립박물관으로 간송 전형필(全鎣弼, 1906~1962)
>   선생이 보화각(葆華閣)이란 이름으로 1938년에 설립되었고, 1966년에
>   간송미술관이 되었습니다.
> - 간송 선생은 일제의 식민정책 아래서의 문화재 해외반출을 막고자 민족
>   문화재를 수집하였습니다.
> - 국내 최고의 고서화(古書畵) 소장처로 지정문화재 국보들인 『훈민정음』,
>   『동국정운』, 금동계미명삼존불, 금동삼존불감, 청자압형수적, 청자기린
>   유개향로, 청자상감포류수금문정병, 동래선생교정북사상절 등과 신윤복
>   의 미인도 등을 소장하고 있는 박물관입니다.
> - 2024년 9월 2일 간송미술관 대구분관이 개관하였습니다. 기획전 위주
>   의 새로운 패러다임을 제시할 예정입니다.
>
>
>
> **[그림 3-3] 문화로 나라를 지킨 간송 전형필 선생**
>
> 출처: 문화유산청(구 문화재청)

3. 생활 속에서 만나는 큐레이션, 전시기획과 교육

1) 최근에는 생활 속에서 큐레이터라는 말이 유행인데요? 왜 그런가요?

요즘엔 '큐레이터'라는 말이 유행인지 불쑥불쑥 낯선 신조어들과 결합합니다. '빅데이터 큐레이터' '큐레이슈머(Curasumer: Curator+Consumer)' '큐레이션', 심지어 '푸드 큐레이터' '뉴스 큐레이터' '뮤직 큐레이터' 등이 그것입니다. 일반적인 용법에서 '디자인'이 주로 '기획' '계획'의 의미로 쓰인 데 비해, '큐레이터'는 주로 '선택' '편집'에 방점이 찍힙니다. 과잉생산 시대를 사는 현대인들에게는 과거 자유의 상징으로 여겨지던 선택의 권리마저 전문가의 손에 맡겨버리고 싶은 심리가 존재하기 때문입니다. '큐레이터'라는 단어가 수면 위로 떠오른 것은 이 때문입니다. 단편적으로 '큐레이터'라고 불리는 전문인력이 늘어난 것이 원인입니다. 최근 한국뿐 아니라 세계적으로 큐레이터에 관한 관심이 커져 대학에 큐레이터 학과가 생기고 미술관이나 예술단체에서 운영하는 큐레이터 프로그램, 전시기획 공모, 예술기획자 레지던시들이 증가하는 추세입니다. 한국에서는 '큐레이터=학예사'의 의미로 고정되어 왠지 학문 연구만을 주로 하는 직업 같지만, 사실 현장에서 큐레이터의 업무 범위는 천차만별입니다. 그 이유는 각자의 처지에 따라 생각하는 큐레이터의 정의와 기대역할이 다르기 때문입니다.

2) 큐레이터의 주요업무인 '전시기획=큐레이션'은 어떤 과정으로 이루어지나요?

전시기획이란 전시회를 통해 전시 · 연구 · 교육 등 복잡한 기능을 종합적으로 수행하는 고유한 문화 활동을 말합니다. 전시기획의 기본조건으로는 자료의 수집과 분석, 전시내용의 기획, 전시회를 위한 인적 구성, 전시대상 작품의 현황 파악, 후원자 구성, 작품의 대여와 보험, 운송 업무, 전시품의 준비와 설치, 전시장 여건 검토, 전시디자인의 결정, 교육업무, 홍보업무 등이 있습니다. 올바른 전시기획을 수립하는 방법은 오랜 시간 축적된 경험과 비결을 통해 터득됩니다. 전시조건들은 다양할 뿐만 아니라 매우 세밀한 사전계획과 빈틈없는 실행이 따르기 때문에 보다 효율적인 체계가 사전에 수립되고 실행되어야만 합니다. 전시기획과 도록 집필에는 학자가 되어야 하고, 전시실행과 도록 제작에는 연출가가 되어야 합니다. 기획단계의 중요사항들은 육하원칙에 따라 정리해야 합니다. 즉, '누가(전시기획자), 무엇을(전시내용), 언제(전시일시 및 기간), 어디서(전시장소), 왜(전시목적), 어떻게(전시방법)'라는 기본적인 항목들에 따라 전시구상단계에서부터 마무리까지 전시의 성격을 일관되게 유지해 주는 지렛대 역할을 해야 합니다.

> **더 알기 전시기획의 순서**
>
> • 조사 · 수집 · 보존 · 연구 → 전시 기본구상 → 전시자료 목록제작 → 전시 기본 시나리오 작성 → 전시 기본계획 → 조사 · 실측 · 촬영 · 기본설계 → 전시실 시나리오 작성 → 전시 제작

〈표 3-3〉 전시기획 과정 정리

1. 전시 주제 설정	• 단순히 죽은 유물을 전시하는 것이 아닌 highlight가 있는 전시
2. 유물의 선정	• 전시 주제에 합당한 유물 선택 • 보존처리전문가와의 긴밀한 협조 필요 • 전시로 인해 미칠 수 있는 유물의 손상에 대비
3. 전시 계획서 작성	• 전시의 목적, 방향, 주제, 의도, 전체구성, 설계 등
4. 전시 추진팀 결성	• 박물관 전시는 박물관 전체가 하는 공동 작업이므로 적합한 전공자들로 팀을 구성
5. 대여작품 선정	• 전시 outline에 맞는 전시품 list 작성 • 정식으로 공문발송(전시 기간, 대여를 받는 날짜 명시)
6. 대여 허락	• 공손한 복장과 태도로 임함 • 각종 절차와 문서를 명확하게 기록
7. 도록(catalogue) 제작	• 원고 의뢰, 사진 촬영 일정 등 고려해 차질없이 진행 • catalogue 원고 · 연구 논문(집필의뢰, 실릴 논문 계획) · 도판 해석(소장품에 대한 자세한 설명) 등
8. 전시 디자인 및 디스플레이	• 전시구성안 작성: 전시 자체의 흐름(story)이 있어야 함 • 전시구성안: 창작행위, 소설의 구성과 유사/accent, 긴장, 해소, 참신한 생각 개개의 유물을 효과적으로 전시할 수 있어야 함. 특별한 기술 필요

3) 성공적인 큐레이션을 위한 '교육프로그램'에는 어떤 것들이 있나요?

생동하는 교육을 보여 주는 '국립어린이박물관(국립민속박물관)'의 사례를 살펴보겠습니다. 지난 2003년 국립민속박물관의 어린이 민속박물관으로 시작한 '국립어린이박물관'은 그동안 전시 · 교육프로그램 등의 역량을 인정받아 2009년 5월, '국립어린이박물관'으로 새로운 발걸음을 내디뎠습니다. 현재 전시, 교육, 자료수집, 연구, 교류 등의 영역에서 어린이에 관한 생동하는 교육프로그램을 제공하고 있습니다. 어린이 눈높이에 맞는 체험형 전시로, 전래동화를 주제로 한 상설전시장을 마련하고 있습니다. 학교연계 교육, 가족 교육, 방학 교육, 소외계층, 특별전시 연계 교육 등을 상시로 운영 중이고, 유비쿼터스 시대의 어린이를 위한 온라인 콘텐츠를 개발 · 보급하고 있습니다. 세계의 모든 어린이와 함께하는 박물관을 만들기 위해 국내외 많은 어린이박물관과 협력하는 것도 특징입니다. 이렇듯 교육프로그램들은 누구를 대상으로 하느냐에 따라 만들어지는 프로그램이 다양해질 수밖에 없습니다. 즉, 성인, 가족, 어린이, 청소년, 학교, 교사, 장애인, 노인, 직장인, 자원봉사자 등을 대상으로 할 수 있습니다. 영국의 내셔널갤러리는 성공적인 교육프로그램을 위해 다음 〈표 3-4〉와 같은 내용을 내세웁니다. 일반 대중의 미술 목적과 의미에 대한 이해를 촉진하여 내용의 질적 우수성을 위해 노력하고, 관람객의 다양한 나이와 관심, 능력, 경험을 인정하는 미술의 해석을 통해 폭넓은 관객층의 관심을 반영해야 한다는 것입니다. 이를 위해 미술사, 인문학, 미술교육, 매체, 신기술 등 교육프로그램에 필요한 영역의 전통적, 혁신적인 방법들을 활용하기 위한 연구를 수행하는 것은 필수입니다. 다음 〈표 3-4〉는 대상별 교육프로그램의 종류입니다.

〈표 3-4〉 대상별 교육프로그램의 내용

프로그램 종류	내용
1. 일반 프로그램	• 전시장을 찾는 모든 관람객을 대상으로 하며 전시와 작품에 대한 이해를 돕기 위한 기본 프로그램 • 도슨트에 의한 전시 작품설명과 비디오 상영, 오디오 가이드 등

2. 교사 프로그램, 학생 프로그램	• 소장품과 전시와 관련하여 학교 교육과의 연계를 통해 학교 교육의 확장과 심화를 돕는 프로그램 • 교사를 위한 재교육 프로그램과 학생을 위한 감상 교재 개발 등
3. 전문 프로그램	• 전시기관 관련 전문인이나, 애호가 중심. 전시 주제를 좀 더 부각하고, 주요한 논쟁거리를 찾아내 학술적으로 연구한 결과를 토론하거나 발표하기 위한 것으로 강연회, 심포지엄, 정기강좌 등
4. 어린이 프로그램	• 어린이들이 전시기관을 좀 더 쉽고 편안하게 느끼며, 미적 발달 수준에 따라 작품과 유물에 적절히 접근할 수 있도록 한 창의성 계발을 위한 유희적 성격의 프로그램 • 주로 전시 관람과 연계한 표현활동
5. 가족 프로그램	• 전시기관에서 무엇인가를 배우며 여가를 즐기기 위해 주말에 전시기관을 찾은 관람객들이 가족과 함께 참여할 수 있는 간단한 창작 활동이나 공연, 음악회 등 이벤트 형식의 프로그램
6. 자원봉사 프로그램	• 전시기관에 대해 관심이 많고 자원봉사 활동을 통하여 자기 계발을 원하는 사람은 누구나 참여하도록 하기 위한 프로그램
7. 장애인 프로그램	• 누구에게나 열린 전시기관의 개방성을 지향하기 위한 목적으로 자발적으로 전시기관을 찾기 어려운 장애인들을 위해 특별한 프로그램을 개발 • 수화, 통역, 전시 설명과 같이 정규적인 교육프로그램을 통해 청각장애인들도 일반인과 같이 전시품을 감상하고 문화생활을 누리도록 도움
8. 인턴십 프로그램	• 대학의 전시기관과 관련한 학과를 중심으로 전시기관에서 종사하기를 희망하는 대학생과 대학원생이 전시기관 소장품에 대한 전문적인 지식을 얻고, 실무 경험을 쌓도록 하는 프로그램

다음 〈표 3-5〉는 전시기관 교육프로그램의 내용입니다.

〈표 3-5〉 전시기관 교육프로그램의 내용

구분			내용
off line	관내	성격	교양교육, 전문교육, 특별교육, 특별봉사 교육
		대상	나이별: 유아/어린이/청소년/성인/노인
			집단별: 개인/집단(일반단체, 학생단체)
			집단별: 전문가(미술가, 학자, 교사, 인턴십, 도슨트)
			집단별: 가족
			집단별: 장애인(청각, 시각장애인)
		시간	정기적/비정기적
		형식	감상 – 전시안내, 갤러리토크, 워크시트, 오디오가이드, 비디오 상영
			이론 – 강연, 강좌, 세미나, 심포지엄
			표현 – 워크숍, 미술 실기, 글짓기, 연극 역할놀이
			통합 – 감상과 제작, 체험 교실, 전시기관학교
			특별행사 – 행사, 축제, 공연(음악회, 연극, 무용공연), 영화상영, 패션쇼
	관외	형식	순회 전시
			학교대여서비스
			학교연계프로그램
			답사 프로그램
		지역	도시, 농촌, 어촌, 산간, 도서 프로그램
on line	가상	형식	정보 센터
			인터넷 전시, 가상 프로그램, AI 활용 프로그램 등
			교육용 프로그램

4. 큐레이터의 새로운 패러다임

1) 큐레이터로 성공하기 위한 마케팅 전략이 따로 있나요?

관람객 중심의 큐레이션은 새로운 시대의 핵심 과제입니다. 전시 공간의 프로그램은 반드시 관람객의 관심도를 고려해야 합니다. 관람객의 욕구와 인식 및 기호를 다루는 연구를 하는 것이 중요합니다. 성공적인 큐레이팅은 시장 수요계층의 다양한 욕구와 관심도를 알아내서 각각의 대상 수요층을 만족시킬 수 있는 프로그램과 경험을 마련해야 합니다. 예를 들면, 박물관을 방문하는 대신 사람들이 할 만한 오락 활동이나 여가활동을 포함한 모든 활동과 경쟁을 하고 있다고 생각해야 합니다. 마케팅 전략에서는 단지 광고와 홍보만이 아니라, 그 외에 다양한 마케팅 도구를 이용할 것을 권장합니다. 효율적인 마케팅 전략을 위해서는 박물관 전문인력(관장, 큐레이터, 재원 조성 담당자, 홍보 인력 등)이 후원대상 및 관람객의 요구를 항상 고려하고, 다양한 프로그램을 가지고 다양한 시장을 공략해야 합니다. 대형 혹은 전문박물관 경우, 구체적인 마케팅 업무를 수행하기 위해 마케팅 부서를 따로 마련하거나, 외부전문인력(광고대행사, 광고 전문회사, SNS 및 인플루언서, 재원 조성전문가 등)을 활용할 필요가 있습니다. 규모가 작은 소형박물관은 마케팅전문가를 고용하는 대신에, 지역사회나 박물관이사회가 제공하는 자원봉사인력 등을 적극적으로 활용하는 것도 방법입니다. 여기서 가장 중요한 문제는 큐레이터가 시장과 고객을 중심으로 해야 한다는 사실을 실감하고, 전시현장에 알맞은 서비스를 제공하는 데 필요한 정보와 기술을 확보해야 한다는 점입니다.

> **더 알기** **박물관의 유형**
>
> • 소장품에 의한 분류: 종합박물관과 전문박물관으로 나뉩니다. 전문박물관은 인문계 박물관과 자연계 박물관으로 분류됩니다. 인문계 박물관에는 고고학박물관, 미술박물관(미술관), 민속박물관, 역사박물관, 종교박물관, 민족학박물관, 교육박물관 등 있으며, 자연계 박물관에는 자연사박물관, 지질학박물관, 과학박물관, 산업박물관, 군사박물관 등이 있습니다.
> • 경영 주체에 의한 분류: 국립박물관, 공립박물관, 대학박물관, 학교박물관, 군 박물관, 독립/사립 법인박물관, 기업박물관 등이 있습니다.
> • 봉사영역에 의한 분류: 국립박물관, 지방박물관이 있습니다.
> • 봉사대상에 의한 분류: 어린이박물관, 장애인박물관 등이 있습니다.
> • 소장품 전시방법에 따른 분류: 전통박물관(실내전시형), 야외전시박물관(실외전시형), 사이버박물관 등이 있습니다.

2) 큐레이터가 일하는 박물관을 어떻게 활성화할 수 있나요?

현대의 박물관은 경영상의 문제와 관람객 감소, 다양화된 문화공간의 출현 등으로 위기를 맞으며 새로운 역할과 기능이 요구되고 있습니다. 21세기를 맞아 세계의 박물관들은 유물 수집과 단순 감상의 장소에서 벗어나 대중과 호흡하며, 체험과 학습, 교육과 즐거움이 강조된 에듀테인먼트(edutainment)의 장으로 거듭나기 위해 노력 중입니다. 이를 위해 지역사회 문화를 반영해야 합니다. 박물관은 지역의 문화적, 사회적, 교육적, 역사적, 공공적, 경제적 역할을 동시에 수행해야 하며, 주변 문화지역과의 연계성을 가지고 자생적으로 발전해야 합니다. 일관된 정책 수립과 전문인력을 활용해 장기적인 비전과 지역민과의 합의 속에 이루어 내야 합니다. 이를 통해 생활과 역사의 공간으로 발전하는 것이 중요합니다. 박물관의 전시내용을 개념적이며 함축적으로 해석하여 관람객에게 알기 쉽게 전달해야 하며, 박물관의 외형이나 건축물, 공간특성은 그 지역의 특수성과 역사성을 그대로 반영할 수 있어야 합니다. 박물관 주제의 개발과 활성화를 통해 '수집과 보존의 장'에서 '체험과 학습의 장'으로 발전해야 합니다. 활발한 프로그램의 운영은 박물관의 활성화에 도움을 주어 재원 및 기증 확보에 도움을 줍니다. 영국의 테이트 모던은 야간 개장을 통해서 대중적인 지지를 얻으며 관람객을 확보하고 있습니다. 박물관에서의 활동은 재미와 즐거움을 수반해야 하며, 이는 큐레이터가 관람객을 위해 존재한다는 사실을 확인시켜 줍니다.

> ### 생각 나누기
>
> - 자신이 좋아하는 전시공간을 찾아서 성공적인 큐레이션의 의미를 이야기해 봅시다.
> - 한국의 국보 혹은 이건희 컬렉션 등을 소재로 한 전시기획을 유튜브로 찾아 큐레이터의 해설을 듣고, 박물관과 미술관에서의 큐레이터의 역할을 주제로 토론해 봅시다.

📁 참고문헌

김영관, 문덕희, 정진아, 이미형(2001). 박물관 자료의 수집과 관리-유물관리론. 서경문화사.

김형숙(2001). 미술관과 소통. 예경.

김홍희(2012). 큐레이터 본색. 한길아트.

박우찬(1998). 전시, 이렇게 만든다-전시기획에서 마케팅까지. 재원.

박우찬, 이상영(2001). 전시연출 이렇게 한다. 재원.

박파랑(2012). 큐레이터와 딜러를 위한 멘토링. 아트북스.

세계박물관협회(2001). 박물관과 미술관의 새로운 경영. 궁리출판.

윤병화, 이영란(2018). 학예사를 위한 전시기획입문. 예문사.

이난영(2008). 박물관학-박물관 관리 운영의 이론과 실무. 삼화출판사.

이내옥(1996). 문화재 다루기. 열화당.

이보아(2003). 박물관학 개론-박물관학, 박물관경영의 이론과 실제. 김영사.

이일수(2010). 즐겁게 미친 큐레이터. 생각의 나무.

이일수(2018). 작아도 강한, 큐레이터의 도구. 애플북스.

大塚和義(오츠카 카즈요시)(2001). 박물관학2-현대사회와 박물관 (博物館学
    2). (홍종필 역). 한국박물관협회: 한국박물관학회. (원저는 1991년
    출판).

Balzer, D. (2017). 큐레이셔니즘: 선택은 어떻게 세상의 가치를 창조하게 되
    었는가 (*Curationism: how curating took over the art world and
    everything else*). (이홍관 역). 연암서가. (원저는 2014년에 출판).

Burcaw, G. E. (2001). 큐레이터를 위한 박물관학: 박물관학과 박물관 업무의
    대표 지침서 (*Introduction to museum work*). (양지연 역). 김영사.
    (원저는 1997년에 출판).

Dean, D. (1998). 미술관 전시 이론에서 실천까지 (*Museum Exhibition
    Theory and Practice*). (전승보 역). 학고재. (원저는 1997년에 출판).

Edson, G., & Dean, D. (2001). 21세기 박물관 경영 (*Handbook for
    Museums*). (이보아 역). 시공사. (원저는 1994년에 출판).

George, A. (2016). 큐레이터: 이 시대의 큐레이터가 되기 위한 길 (*Curator's
    handbook: museums, commercial galleries, independent spaces*).
    (문수민 역). 안그라픽스. (원저는 2015년 출판).

Serota, N. (2000). 큐레이터의 딜레마 (*Experience or Interpretation: the
    dilemma of museums of modern art*). (하계훈 역). 조형교육. (원저
    는 1997년에 출판).

[사이트]

국내 박물관 및 미술관

- 국립민속박물관 http://www.nfm.go.kr
- 국립중앙박물관 http://www.museum.go.kr
- 국립현대미술관 http://www.moca.go.kr
- 서울시립미술관 http://seoulmoa.seoul.go.kr
- 한국문화예술위원회 http://www.arko.or.kr

해외 미술관 및 박물관

- 구겐하임 미술관 http://www.guggenheim.org
- 뉴욕 메트로폴리탄 뮤지엄 http://www.metmuseum.org
- 뉴욕현대미술관 모마 http://www.moma.org
- 렘브란트 미술관 http://www.rembrandthuis.nl
- 루브르 박물관 http://www.culture.fr/louvre
- 보스톤 박물관 http://www.mfa.org
- 스미소니언박물관 http://www.si.edu
- 시카고 미술관(아트 인스티튜트) http://www.artic.edu/aic
- 오르세이 미술관(근대미술관) http://www.musee-orsay.fr
- 퐁피두 프랑스 현대미술관 http://www.cnac-gp.fr

인문과 음악

—

양소영

이 장에서는 인문학과 음악의 관계를 알아보고 인문학을 바탕으로 한 학교 음악교육의 역할을 탐색하고자 한다. 인문학은 세상을 보는 안목과 인간을 이해하기 위한 소양을 쌓는 학문이다. 인문학이 나 자신을 이해하고 이웃과 함께 소통하며 지혜, 상상력, 논리적 사고력 등을 배양한다고 할 때, 음악은 정신적 고양과 인간교육으로써 인문학적 접근이 가능하다. 음악교육은 서로 공감과 소통교육을 통해 학생들의 마음을 어루만질 수 있는 미래사회의 인간교육으로서 큰 역할을 담당한다.

1. 음악교육의 이해

1) '음악' 하면 가장 먼저 무엇이 떠오르나요?

'음악' 하면 무엇이 떠오르나요? 어떤 사람은 '노래 부르기'나 '악기 연주하기'라고 하는 사람도 있을 것이고 누구는 '나를 표현하기'라고 말하는 사람도 있습니다. 또는 신나는 '리듬'이나 구슬픈 '가락'이 떠오르는 사람도 있겠지요.

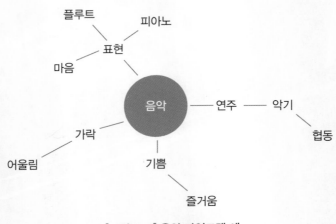

[그림 4-1] 음악 마인드맵 예

　　이렇게 음악은 예술의 한 분야로 노래나 악기, 창작 등을 통해 나 자신을 표현하는 시간 예술입니다. 음악은 우리가 말하고 생각하는 이 순간에도 계속 시간에 따라 흘러가고 있으니까요. 오늘은 우울한 일이 있었나요? 내일은 기쁜 일이 있나요? 노래나 악기로 나의 마음을 표현해 보세요. 음악을 들어보는 것은 또 어떤가요? 우리는 매 순간 음악이 우리와 함께한다는 것을 느낄 수 있습니다. 음악은 기쁜 마음을 더 기쁘게 해 주고, 반대로 슬픈 마음은 위로받을 수 있도록 우리 삶에 반짝반짝 행복을 가져다줄 거예요.

2) 음악교육에 관해 알고 싶어요!

음악교육의 방향은 크게 두 가지로 나눌 수 있습니다. 하나는 전문 음악인을 기르기 위한 '전문가 양성' 음악교육이고, 또 하나는 일반 학교에서 이루어지는 '일반 학생' 대상 음악교육입니다. 전문가 양성 교육은 예술 중학교나 예술 고등학교, 음악대학으로 진로를 정하는 학생을 떠올리면 되고, 일반 학생을 위한 음악교육은 현재 일반 학교(초 · 중 · 고)에서 받는 음악수업을 떠올리면 되겠지요.

지능이론(조규판, 주희진, 양수민, 2021)으로 유명한 가드너(Gardner)는 지능이 높은 학생이 모든 영역에서 우수하다는 기존의 지능관을 비판하고 인간의 지적 능력이 서로 독립적이며 다른 여러 유형의 능력으로 나누어져 있다는 '다중지능이론'을 주장했습니다. 여기에서 가드너는 인간 지능을 언어 지능, 논리 수학 지능, 공간 지능, 음악 지능, 신체 운동 지능, 대인 관계 지능, 자기 이해 지능의 일곱 개와 최근에 자연 탐구 지능과 실존 지능을 추가하였답니다. 가만 보니 가드너가 언급하는 여러 지능에 '음악 지능'이 있군요! 혹시 여러분은 음악교육이 특별하고 신비로우며 대단한 음악 역량이 있는 사람들만 받는 교육이라고 생각하지는 않았나요? 아니면 음악 지능이라는 용어가 낯설게 느껴지나요? 가드너의 다중지능이론은 음악 지능도 지적지능처럼 모든 사람이 가지고 태어나기 때문에 학교에서 음악교육이 꼭 필요하다는데 힘을 실어 주지요.

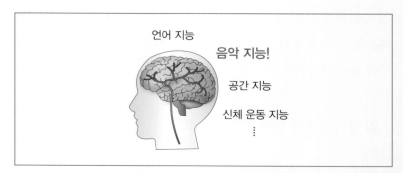

[그림 4-2] 가드너의 다중지능이론

3) 음악교육은 학교에서 왜 중요할까요?

　음악교육은 학생들의 마음을 어루만져 줍니다. 고대 그리스 시대에 산술, 기하학, 천문학과 함께 음악이 주요 과목으로 포함되어 있었다는 사실을 알고 있나요? 지금과 같이 국어, 수학, 영어 등 학교에서 많은 시간을 할애하는 과목에 고대 그리스 시대에는 음악이 포함되어 있었답니다. 그 시대의 플라톤이라는 유명한 철학자는 음악이 사람의 인격 형성에 절대적인 영향을 미친다고 믿었지요. 그래서 사람이 좋은 음악을 들으면 인격에 좋은 영향을 주고, 나쁜 음악을 들으면 인격에 해를 준다고 주장하였답니다. 부모님이 친구 관계를 걱정하며 좋은 친구를 사귀어야 한다는 당부의 말씀과 비슷한가요? 물론 어떤 음악이 좋은 음악인가라는 견해는 시대에 따라 조금씩 차이가 있지만, 음악이 사람의 인격에 긍정적인 영향을 미친다는 사실은 예전이나 지금이나 많은 부분에서 인정하고 있습니다.

　음악 활동을 통한 정서적 안정 및 인성 함양은 음악이 다른 학문에 비해 인간 삶을 풍요롭게 하고 자아실현을 할 수 있는 고유한 힘이 있다는 것을 뒷받침합니다. 따라서 학교 음악교육은 학생이 음악의 아름다움을 느끼고 그러한 마음이 차곡차곡 쌓여 정서적 안정을 찾음으로 해서 서로 소통하고 배려하는 사회적 기능을 다하기 위한 막중한 책임감을 지닙니다. 여기서 잠깐, 국가에서 정해 놓은 학교 음악교육의 목표를 살펴보겠습니다.

> 초등학교와 중학교의 〈음악〉 과목은 …… (중략) …… 다양한 음악 활동을 통하여 감성, 창의성, 자기 주도성을 기르고, 일상생활 속 다양한 공동체 안에서 소통할 수 있는 인간 육성을 목표로 한다.

학교 음악교육의 목표는 '음악과 교육과정'이라는 문서에 나타납니다. 그렇다면 국가에서 정한 '음악과 교육과정'이란 무엇일까요? 쉽게 말하자면 국가교육과정은 법을 집행하기 위한 법전(法典)에 비유할 수 있습니다. 판사나 검사 등 법조인들이 법전을 근거로 법을 집행하는 것처럼 우리나라의 교육도 법전과 같은 국가교육과정에 의해 움직여지지요. 현재 초·중·고등학교는 국가가 제시한 '교육과정'을 기본으로 학교에서 음악수업도 하고, 교과서를 만들고 있지요. 이 중에서 음악과 교육과정은 학생의 감성과 자기 주도성, 창의성, 소통, 공동체 역량을 강조합니다. 특히, 음악의 특징을 가장 잘 나타내고 있는 음악의 감성역량은 음악이 가지고 있는 아름다움, 특징과 가치의 이해를 통해 삶의 질을 향상하고 인간에게 행복을 가져다 주지요.

그렇다면 창의성 역량은 어떤가요? 창의성 역량이란 일상에서 나타날 수 있는 다양한 문제들을 상황에 맞는 기발한 아이디어나 해결 방법을 찾아 거뜬히 해결해 낼 수 있는 역량입니다. 혹시 창의성을 유능하고 재능있는 사람만이 가지고 있는 대단한 능력이라고 생각하나요? 창의성은 소소한 일상에서 우리 앞에 닥친 문제를 스스로 현명하게 대처하여 해결해 나가는 지혜로운 과정이라고 할 수 있지요. 따라서 누구나 가지고 있는 역량입니다. 학교의 음악교육에서 창의성이 강조되는 것이 바로 이러한 까닭입니다.

이제 학교 음악교육을 다시 생각해 보겠습니다. 우리는 음악교육이 음악적 능력을 길러 주고, 인간의 심성을 함양하는 데 필요하다는 것을 알았습니다. 음악은 음악을 전공으로 선택한 학생뿐만 아니라, 다방면으로 진로를 선택한 학생들에게도 인성적으로 큰 영향을 끼치기 때문입니다. 음악적 감동을 경험한 과학자, 음악에서 행복을 느끼는 경제학자, 음악 활동에 적극적으로 참여하는 기술자 등 음악은 다양한 직업을 가진 많은 사람의 삶에 긍정적 영향을 줍니다.

이처럼 음악은 여러 진로를 향해 나아갈 학생들에게 자신의 소중함을 일깨워 주고, 각자 자기의 분야에서 삶의 행복과 즐거움을 주는 역할을 합니다. 바로 이것이 학교에서 음악교육을 해야 하는 이유입니다.

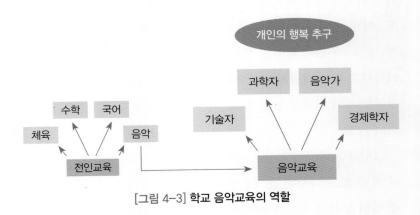

[그림 4-3] 학교 음악교육의 역할

4) 학교 음악교육에서는 무엇을 배울 수 있나요?

음악 듣는 것을 좋아하나요? 요즘은 예전에 비해 많은 사람이 최신 이어폰을 꽂고 음악을 가까이에서 즐기고 있습니다. 영상으로도 자주 접하지요. 여러분이 자주 듣는 음악은 어떤 음악인가요? 그 음악이 좋은 이유는 무엇인가요?

학교 음악교육은 '음악 듣기' 역량을 길러 줍니다. 음악을 '잘 듣는다는 것'은 흡사 영어교육에서 전체 대화를 듣고 상황을 이해하여 고개를 끄덕일 수 있는 능력을 말합니다. 이는 단순한 흘려듣기가 아닌 음악을 깊게 들으며 생각한 바를 주위 사람에게 설명할 수 있는 능력이기도 하지요. 좋아하는 음악을 친구에게 설명할 수 있나요? 그렇다면 '음악 듣기' 역량이 충분합니다. 대중음악의 노랫말이 우리의 마음을 뭉클하게 할 때가 있나요? 그 부분이 다른 곳과 어떻게 다른가요? 음악에 대해 주변 사람과 이야기를 나눌 수 있다면 벌써 수준 높은 음악 역량을 가지고 있다고 볼 수 있어요. 클래식 음악을 들으며 음악의 아름다움에 감동하고 음악의 구조가 궁금하여 악보를 찾아본 적이 있나요? 반복되는 주제 가락을 쫓아가며 흥분되는 마음을 가라앉히기 위해 노력한 적은요? 이러한 경험이 우리 주변에서 음악이 끊임없이 함께하고 있음을 보여 줍니다. 우리는 음악교육을 통해서 음악적으로 사고하고, 고민하며 음악 역량을 기를 수 있습니다.

학교 음악교육은 소통을 위한 '음악 연주'의 기회를 제공합니다. 곡을 연주한다는 것은 혼자서도 가능하지만 여럿이 함께할 때 더욱 큰 기쁨을 느낍니다. 최근 국가 음악과 교육과정은 학생들이 감성, 창의성, 자기주도성을 발휘하여 음악 활동을 하고 공동체 안에서 음악적으로 소통할 수 있도록 하는 데 중점을 둔다고 설명합니다. 그리고 이를 반영하여 초등학교 3~4학년에서는 '기초 · 흥미', 초등학교 5~6학년에서는 '다양 · 공감', 그리고 중학교 1~3학년에서는 '활용 · 협력', 고등학교 1~3학년에서는 '응용 · 소통'의 단계를 강조합니다. 이렇듯 미래 교육의 패러다임은 더욱더 학생의 '소통'과 '공감'을 강조하고 있습니다. 함께 악기를 연주하며 공감대를 형성하고, 노래를 부르면서 감정을 다스리고 표현하는 활동은 음악 교과가 지니는 여러 강점 중 하나입니다. 앞으로 미래를 살아가는 학생들에게 필요한 소통과 공감 역량은 음악교육을 통해 실현될 수 있습니다.

2. 인문과 음악교육

1) 인문학과 음악은 어떤 관계가 있을까요?

인문학은 문학과 언어학, 예술과 종교, 역사, 철학 등을 중심으로 하는 학문 분야입니다. 이 점에서 인문학은 '인간과 인간의 문화에 관심을 두는 학문' '인간이 관계되는 학문' '인간다움이 무엇인가를 묻는 학문' 등 다양하게 정의되고 있습니다. 중요한 것은 인문학에 예술이 포함되는 것이고, 예술 영역 안에 음악이 속한다는 것이지요. 인문학 안에 음악이 포함된다는 것은 어떤 의미일까요? 이것은 바로 음악이 인간교육으로서 '인간다움'에 지대한 영향을 끼칠 수 있다는 것 입니다. 우리는 지금까지 인문학을 통해 나 자신을 이해하고 이웃과 함께 소통하면서 자아를 계발할 수 있는 지혜 · 상상력 · 미적 감성 · 도덕적 판단력 · 논리적 사고력을 기른다고 믿기 때문에 무엇보다도 인문학을 핵심 학문 영역으로 받아들여 왔습니다.

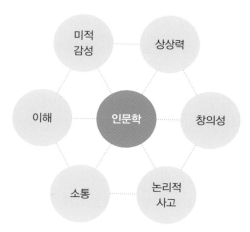

[그림 4-4] 인문학 관련 역량

　여기서 인문학 교육이란 인문학에 관한 얕은 지식을 축적하는 과정으로서의 교육이 아니라, 인문학 고전에서 그에 대한 해답과 실마리를 찾아보고 다양한 가능성을 탐구함으로써 새로운 가치를 창출할 수 있는 창조적인 상상력과 자아 성찰적 태도를 길러 주는 교육이라고 할 수 있습니다(정창우 외, 2015). 이렇듯 인문학은 인간교육으로서 고유의 가치와 의의가 있고, 인간다운 삶을 살 수 있게 하는 성향과 역량을 길러 주는 중요한 역할을 합니다. 그리고 음악이 인문학 안에 포함되어 있다는 사실은 음악이 인간 삶을 풍요롭게 하고 윤택하게 하는 인문학적 역할을 하고 있다는 근거가 되지요.

2) 음악 분야에서 인문학이 왜 강조되어야 할까요?

　인문학의 위상은 코로나19 팬데믹 이후 지능 정보화 사회로의 급격한 변화로 위기를 맞고 있습니다. 이러한 움직임은 우리 주변에서 디지털이나 AI, 빅데이터 등 과학 분야나 실용성을 추구하는 경향으로 빠르게 변화하며 점차 인문학이 사회에서 내몰리는 경향을 쉽게 찾아볼 수 있어요. 사회에서 요구하는 많은 부분이 상업화되어 가고, 더욱이 학교라는 중립적인 기관조차 기획이나 예산 확보를 위해 애쓰는 모습은 기업과 유사한 형태로 변모해 가고 있음을 직감할 수 있습니다. 이러한 상황에서 음악 분야에 종사하는 사람이라면 한 번쯤은 음악이 인문학과 어떠한 관계가 있는가를 고민해 볼 필요가 있습니다. 더구나 오늘날 우리 사회에 흐르고 있는 인문학적 위기에서 음악 분야는 정신적 고양과 인간교육으로서 어떻게 인문학적으로 접근할 수 있는가도 진지하게 숙고해 보아야 할 것입니다. 이러한 고민은 미래의 학교 음악교육이 무엇을 통해, 어떻게 나아가야 할지 그 방향을 정하는 데에도 도움을 주리라 생각됩니다. 즉, 미래의 교육 패러다임에서 "혁신적 음악교육은 무엇인가?"라는 질문에 스스로 답을 구하여야 할 때입니다.

  미국의 음악교육학자 리머(Reimer)는 음악교육은 심미적 교육이 되어야 한다고 주장합니다. 심미적 음악교육이란 음악에 대해 느끼고 의미를 생각하며 반응할 수 있는 능력을 길러 주는 교육입니다. 이는 음악에 대한 선택과 집중, 감상자와 비평가의 자세, 생활 음악의 동력으로서 '민감성'을 요구합니다. 즉, 음악을 잘 감상하고 음악에 대해 적극적으로 반응할 수 있는 태도를 요구한다고 말할 수 있지요. 이렇듯 심미적 음악교육은 미적 감수성과 연관됩니다. 연주하는 피아노곡을 들으며, "그 부분은 이렇게 쳐야 더 나을 것 같아" 또는 "여기서는 소나타 형식이라 주제가 2개 등장하겠지!" "같은 곡이라 하더라도 연주자가 달라지니 완전 다르게 들리네!" 등 음악을 듣고 예민하게 반응할 수 있는 음악적 자세가 바로 미적 감수성에 해당합니다.

이같이 음악교육은 '미적 경험'을 중요하게 생각합니다. 미적 경험은 다른 부수적인 무엇을 위해서가 아닌 음악 그 자체에 몰두하면서 음악에 적극적으로 반응할 수 있도록 하는 독자적이며 고유한 음악 경험입니다. 따라서 미적 경험은 개인의 직접적인 상상이나 다양한 음악 경험을 통해 작품 속에 숨어 있는 작곡가의 표현성을 찾는데 강조점을 둡니다. 지금 좋아하는 음악을 듣고 있나요? 그렇다면 그 음악 안에 숨어 있는 음악 수수께끼를 찾아보세요!

[그림 4-5] **리머의 음악적 목표**

또 다른 학자의 예를 들어볼게요. 엘리엇(Elliot)은 직접 음악 연주에 참여하는 실천적 행위가 자아의 성장·즐거움·행복감을 부여할 뿐 아니라, 음악 활동을 통해 상대방을 이해하고 배려하게 하여 개인과 공동체 모두에게 긍정적인 변화와 발전을 이끈다고 주장합니다 (최진경, 2020). 여기에서 음악교육의 목적이 음악성과 창의성을 통한 개인과 공동체의 행복 추구임을 알 수가 있습니다. 음악을 직접 연주하면서 행복감을 느낀 적이 있나요? 나만의 감동을 느낀 적은요? 그렇다면 엘리엇이 말하는 음악의 궁극적인 목적에 도달한 것입니다.

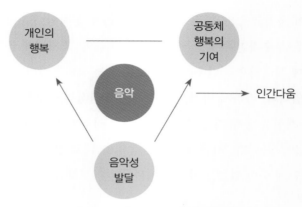

[그림 4-6] 엘리엇의 음악적 목표

　음악은 인간의 번영, 그리고 고대 그리스인들이 강조했던 정신적 행복을 위하여 매우 중요합니다. 고대 그리스와 중세시대에 왜 음악교과가 산술, 기하학, 천문학과 함께 중요한 과목이었을까요? 그 시대에도 음악이 '인간다움'에 지대한 영향을 미치고 음악의 인간교육적 가치를 인정했기 때문에 가능한 일이었습니다. 엘리엇은 다양한 음악 활동이 학생들에게 최고의 경험, 흠뻑 빠져들 수 있는 경험, 행복을 느끼는 경험으로 이끄는 것이 중요하며, 그것이 곧 그들을 음악적으로 성장하도록 '인간다움(personhood)'을 완성하는 길이라고 주장합니다(권덕원, 2024). 우리는 기쁠 때, 힘들 때, 슬플 때조차 음악과 함께 합니다. 음악은 우리 곁에서 마음을 달래 주는 역할을 하기 때문이지요. 이렇듯 음악은 사람이 느끼는 공통적인 특징을 지니고 또한, 삶으로부터 우리의 정신을 변화시키는 강한 힘이 있습니다. 바로 이러한 현상들이 인간을 다루는 인문학 분야에서 조차 음악이 강조되어야 하는 이유이기도 합니다.

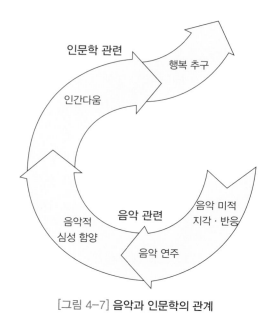

인문학 관련

행복 추구

인간다움

음악적
심성 함양

음악 관련

음악 미적
지각 · 반응

음악 연주

[그림 4-7] 음악과 인문학의 관계

3) 인문학의 관점에서 학교 음악교육은 어떠한 방향으로 가고 있나요?

학교 교육이 균형 잡힌 인간 육성을 최종 목표로 삼는다면 그 안에 여러 교과는 그러한 목표를 위해 중추적 역할을 해야 합니다. 그중 음악교육은 어떠한 역할을 맡고 있을까요? 학교의 음악교육은 국가교육과정을 중심으로 다양하게 실천되고 있습니다. 앞에서 살펴본 국가교육과정 중 2022 음악과 교육과정의 '성격' 항에는 다음과 같이 기술되어 있습니다.

"음악은 소리를 통해 인간의 다양한 감정과 생각을 표현하는 예술이면서 사회 · 문화적 양상과 변화하는 시대상을 반영하는 인간 활동의 산물이다. …… (중략) …… 또한 인간은 음악성을 계발하면서 새로운

음악적 아이디어를 떠올리거나 다양한 경험에 대한 느낌과 생각을 담
은 음악 표현 활동을 통해 상상력과 창의성을 표출할 뿐만 아니라, 소
리와 음악이 주는 즐거움이나 기쁨 등을 통해 정서적 안정감과 행복감
을 느낀다."

이와 같이 음악과 교육과정은 인간의 행복과 공동체의 안녕을 위
한 인문학 요소의 자리매김을 통해 음악교육의 당위성을 확고하게
보여 주고 있습니다. 그렇다면 인문학의 관점에서 학교 음악교육은
어떤 방향을 지향할까요?

학교 음악교육은 음악의 고유성을 이해하는 교육으로 향합니다.
앞에서 언급한 바와 같이 음악은 미적 교육으로서의 고유성을 지닙
니다. 미적 교육으로서의 고유성이란 음악을 듣고 있는 순간의 연속
적 과정을 통하여 음악의 의미와 아름다움을 느끼고 스스로 수용하
는 것을 말합니다. 즉, 음향의 짜임새와 어울림이 전달되는 바로 그
순간의 느낌부터 절정의 경험에 이르기까지 다양한 음악 경험을 하
는 것이지요. 음악으로 '행복'을 추구하고 주변 사람과 음악으로 함
께하는 '소통'의 기회는 우리에게 일상생활의 활력소가 됩니다. 이
러한 음악 자체의 힘은 인문학과 맥을 같이하며 인간 정신의 결핍으
로 야기되는 정신문화 쇠퇴의 위험성에 경각심을 불러일으킵니다.
인문학이 소외됨으로써 벌어지는 각종 사회 문제와 인간 정신의 결
핍에 대한 두려움은 인간의 심성을 계발하는 음악교육의 당위성을
더욱 견고하게 해 줍니다.

학교 음악교육은 음악을 즐길 힘을 길러 주는 교육을 지향합니다.
음악가는 스스로 음악을 찾아 듣고 체험하며 작곡, 즉흥연주, 연주
및 듣기의 방법을 활용하여 음악 경험을 심화합니다. 학교 음악교육

에서는 전문가인 교사가 음악 경험을 보다 체계적인 단계로 학생들에게 전달해 주어야 합니다. 음악과가 학생들에게 소위 '즐기는' 교과가 되기 위해서 교사는 학생들에게 음악을 즐길 수 있는 역량, 즉음악을 향유할 수 있는 힘을 길러 주어야 합니다. 그렇다면 즐길 수 있는 역량이란 무엇일까요? 학생이 수학을 '즐기는', 과학을 '즐기는', 미술을 '즐기는' 사람과 같이 음악을 '즐기기' 위해서는 단순한 오락적 차원에서 머무는 것이 아니라 음악의 기초 · 기본 지식을 바탕으로 비판적 안목과 음악적 사고, 생활 속에서 좋은 음악을 취사선택하는 힘을 길러 주는 교육이어야 합니다. 학교 음악교육이 중요한 이유입니다.

또 하나는 음악교육으로 음악적 상상력을 키울 수 있어야 합니다. 어린 시기의 상상력은 자신의 마음속에 형성된 이미지, 상황을 만들어 표현하는 능력을 말합니다. 이러한 능력은 점차 아이들이 외부 자극에 적절히 반응하고 자기의 경험을 발판으로 삼아 문제를 해결하는 단계로까지 발전할 수도 있지요. 예를 들어, 사람은 음악을 들으며 머릿속 이미지를 떠올려 간단한 묘사를 해 보는 것부터 상상 속 인물, 이야기 장면 또는 세상을 구체화하는 활동에까지 다양한 상상력을 발휘할 수 있습니다. 또한, 음악극 활동을 통해 정해진 역할을 맡아 여러 상황을 경험하며 자기 세계와 상대방의 세계를 공유할 수도 있습니다. 이러한 활동 안에서 이야기를 만들기도 하고 자기를 표현하기도 하며 학생들은 상상을 구체화하고 창의적으로 탐구하기도 합니다. 음악을 통한 상상력 교육은 학생들이 성장함에 따라 창의성과 자아 계발에 중요한 밑거름이 되지요.

음악교육은 서로 공감과 소통의 교육이어야 합니다. 공감은 문자 그대로 '공유된 감정'으로 자신이 직접 경험하지 않더라도 타인의

[그림 4-8] 학교 음악교육의 지향점

감정을 거의 같은 상황으로 지각하고 느끼는 것입니다. 친구와 얘기하면서 "아! 맞아. 나는 네 말에 공감해."라는 말을 해 본 적이 있나요? 친구와 비슷한 감정을 갖고 마음이 일치한다는 것입니다. 코로나19 팬데믹 이후로 학생들의 인간 · 사회적 관계의 심각성은 누구나 우려하는 바입니다. 어찌 보면 디지털 · AI의 급속한 발달도 면대면 관계를 더욱 줄어들게 한 또 하나의 원인일 수 있습니다. 어린 학생들에게 친구와 함께하고 사람과 사람 간의 부딪힘 속에 인간다움과 자신의 인격이 형성되는 '공감'과 '소통'의 과정은 삶에 있어 중요한 부분입니다. 따라서 음악교육으로 친구와 하나될 수 있는 '공감'과 '소통'의 교육은 앞으로도 계속 되어야 합니다.

4) 인문학의 관점에서 미디어를 접목한 음악교육은 어떤가요?

인문적 소양이란 세상을 보는 안목과 인간을 이해하는 능력입니다. 따라서 인문적 소양은 자신과 상대방, 그리고 나를 둘러싼 사회와 문화를 이해하고 비판적 사고 및 판단 능력을 통해 일상의 문제를 해결하며 적극적으로 참여하려는 태도를 기르는 것을 목적으로 합니다. 김연권(2005)은 빅데이터 시대 인문학의 역할로 다량의 데이터 정보를 구조화하고 새롭게 분석하여 정리하는 통찰력 함양을 강조합니다. 과학자, 통계학자, 소프트웨어 개발자 등은 기계적인 정보의 구축과 수많은 데이터를 다루는 일에는 능숙하나 정보의 더미에서 무엇을 분석하고 어떠한 문제를 구조화하여 해결해야 하는지는 또 다른 역량을 필요로 합니다. 이때 인문학적 사고가 중요하지요.

디지털 · AI 교육에서 중요한 '컴퓨팅사고력'은 문제 상황에서 컴퓨팅과 관련된 기본 개념이나 이론 등을 적용해 문제를 이해하고 분석하며, 해결 방법을 찾아가는 데 필요한 사고력입니다. 국가교육과정에서도 '컴퓨팅사고력'은 지속해서 강조되고 있지요. 과거에 인간은 관련 지식과 기술, 도구의 활용법을 터득하여 최적의 정답에 도달하기 위한 교육을 받았습니다. 그렇다면 미래에는 어떻게 바뀔까요? 인공지능이 사람 대신 정확하고 빠른 답을 도출하는 역할을 담당하고 인간은 이를 활용하여 새로운 아이디어와 창의적 사고를 통한 문제 해결을 뒷받침할 것입니다. 그러나 '음악적 사고'는 과학적 특성이 약한 예술성과 창의성을 가지고 있어서 '정확함'까지 약하다고 여겨질 수 있습니다. 하지만 가만히 들여다보면 과학적 단계를 강조하는 컴퓨팅사고가 음악적 사고와 많이 닮아 있음을 깨닫게 됩니다. 왜 그런지 들여다볼까요?

컴퓨팅사고는 문제가 있을 때 핵심을 파악하여 해결이 필요한 하위 요소를 찾아내고(분해), 하위 요소들 사이의 공통점을 추출(패턴 인식)하며, 해결의 결과를 미리 조망하고(추론) 최종 해결을 위한 절차(알고리즘)를 계획할 수 있는 사고 능력입니다. 이제 컴퓨팅사고를 음악적 사고와 연결해 볼까요? 교육부(2021)는 학교급별 발달 단계

에 따라 디지털 기초소양 함양을 위해 모든 교과 교육을 통해 균형
감 있는 학습 내용을 제시하면서 컴퓨팅사고 과정을 통한 인공지능
원리학습을 제시하고 있습니다. 교육부에서 제시한 원리학습을 가
지고 음악수업과 연계하여 재구성하면 다음과 같습니다.

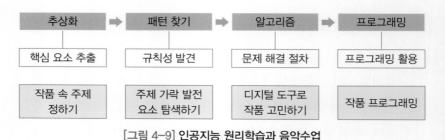

[그림 4-9] **인공지능 원리학습과 음악수업**

출처: 교육부(2021) 참조.

[그림 4-9]는 컴퓨팅사고 과정을 음악의 문제 해결 과정과 연계하
여 학생들에게 체계적인 문제 해결 역량을 기르는 단계적 학습을 보
여 줍니다. 쉽게 말하면 '생각의 연습과정' 정도로 생각하면 좋겠지
요. 창작 수업에서 음악을 만들기 위해 당면한 문제(작품 속 주제 정
하기)를 해결해 나가는 데 있어 일정 단계를 거쳐 작품 완성이라는
해답을 구합니다. 이는 학생의 음악적 사고를 구체화하는 과정으로,
인문학적 사고와 맥을 같이 합니다.

3. 생활 속에서의 음악교육

1) 생활 속에서 음악 참여는 어떤 의미가 있을까요?

음악은 가정과 학교, 지역사회가 함께 협력하여 서로 느낌을 공유하는 가운데 능동적으로 참여할 기회를 제공합니다. 여러분은 음악 활동을 하면서 기쁘거나 즐거웠던 경험이 있나요? 음악 활동은 직접 청중 앞에서 노래를 부르거나 악기를 연주할 수도 있고 공연장이나 음악회장에서 음악을 듣는 활동 모두를 뜻합니다. 함께하는 음악 참여는 모든 사람이 음악의 특별한 경험과 마주하는 뜻 깊은 일입니다. 우리는 음악 활동에 참여하면서 음악 자체를 즐길 수 있는 능력을 기르고, 개인적·사회적 관점에서 음악의 가치를 이해하며, 평생토록 음악을 누릴 수 있을 것입니다. 또한, 생활 속에서 음악의 특별한 경험은 자신의 영혼을 일깨우며 삶의 질을 풍요롭게 하는 데 도움을 줍니다. 주변 사람들과 함께 가족 행사, 학교 공연, 종교 행사 등에 참여하여 내 기량을 마음껏 뽐내어 보세요. 음악과 함께한 즐거운 기억은 내 삶의 원동력이 될 거예요!

2) 다양한 음악 공연에 참여해 보았나요?

음악 공연에 참여하는 것은 자신을 표현하고 서로 간의 공감과 소통 능력을 배울 좋은 기회가 됩니다. 이러한 기회를 통해 상대방과 의견을 주고받으며 내 생각을 반성해 볼 수도 있고 스스로 계획했던 일들을 조절해 가며 새로운 아이디어를 제시할 수도 있지요. 혹시

동요 부르기(독창)

다문화 학생과 악기 연주하기

음악회 관람

대중음악 공연 관람

[그림 4-10] **다양한 음악 공연의 예**

어떤 음악 공연에 참여해 보았나요? 자신감을 가지고 무대에서 노래를 부를 수도 있고 주변 외국인 친구와 서로의 문화를 존중하고 배려하며 악기를 연주할 수도 있습니다. 지역에서 개최하는 음악회의 일원으로 참여하여 음악 재능을 발휘해 보고 가족 또는 의식 행사에 참여하여 곡을 연주할 수도 있지요. 물론 가까운 공연장을 방문하여 다양한 음악을 경청하며 음악의 아름다움에 흠뻑 빠져 볼 수도 있겠지요.

　주민과 함께하는 여러 음악 활동은 지역의 문화 생태계를 다양하고 풍부하게 만들어 줍니다. 또한, 학생 못지않게 중 · 장년층에게도 교육적 가치와 삶 전반에 걸친 평생 학습의 토대를 마련해 주기도 합니다. 고령화 사회에 노인 계층과 청소년이 함께하는 세대 간 음악 공연 활동은 사회 통합 및 연대를 증진한다는 측면에서 상호 이해를 촉진시킬 수 있습니다. 특히, MZ세대와 기성세대가 협력하여 함께하는 공연은 서로를 이해하고 존중하며 세대 간에 공감의 기회가 되지요.

한편, 다양한 음악 공연은 지역의 관광과 지역 경제에 활력소를 제공하기도 합니다. 음악 공연의 활성화로 인해 지역 상업 활동을 북돋우고, 이를 통해 지역의 문화적 이미지를 개선할 수도 있겠지요.

4. 인문 소양을 위한 음악교육의 새로운 패러다임

1) 인문학의 관점에서 오케스트라 활동이 왜 중요한가요?

초등학교 현장에서는 몇 년 전부터 '1인 1악기' 교육 정책의 하나로 여러 학교에서 오케스트라가 성황리에 운영되고 있습니다. 어떤 이유로 학교 현장에서 오케스트라의 활성화가 꾸준히 논의되고 있는지 생각해 볼까요?

오케스트라는 음악 공동체로서 지휘자와 단원 간의 상호작용이 중요합니다. 이 안에서 음악적 · 기술적으로 갈고 닦으며 함께 좋은 작품을 만들어 가지요. 힘찬 물살을 가로지르며 앞을 향해 나아가는 배를 본 적이 있나요? 오케스트라의 지휘자와 단원은 큰 배의 선장과 선원들로 비유할 수 있어요. 거친 바다를 항해하며 배의 선두에 선 선장이 목적지를 향해 선원들의 사기를 북돋우며 목청껏 고함을 치는 모습을 상상해 보세요. 선원들이 서로 힘을 합해 힘껏 밧줄을 잡아당기는 모습도 말이에요. 음악의 지휘자와 단원이 음악을 만들어 가는 모습과 흡사하지요.

[그림 4-11] 거친 바다를 항해하는 선장과 선원의 모습

　오케스트라의 지휘자는 많은 단원과 함께 존중과 배려를 통해 협업의 중요성을 일깨우고 같은 악기군끼리 의견을 공유하게 하면서 규칙과 질서를 바탕으로 리더십 기술을 발휘합니다. 또한, 지휘자는 단원인 학생들에게 전문적인 음악 기술과 연주 능력 등 잠재력 개발의 발판을 마련하여 음악 경험을 풍부하게 만들어 주기도 합니다. 그래서 오케스트라에서 지휘자의 역할은 매우 중요하지요. 학교에서 선생님의 역할, 가정에서 부모의 역할, 학급의 회장 역할 등으로 생각할 수 있습니다.

　모든 음악 활동은 자신감이 중요해요. 다른 활동에 비해 나를 드러내어 표현해야만 하는 활동이기 때문이지요. 따라서 음악은 학생들에게 연주와 공연을 통해 자신감을 키우는 기회를 제공함으로써 자기 능력을 신뢰하고 나 자신을 소중한 사람으로 인식할 수 있는 계기를 만들어 줍니다. 그러므로 청소년기의 음악 활동은 인성 함양에 도움을 주고, 음악 애호심을 길러 삶에 대한 긍정적인 태도를 함양하게 하지요. 특히, 어린 시기 오케스트라 활동은 상호 간의 음악을 조율하면서 협력을 통해서 음악에 대한 즐거움과 기쁨을 경험하

[그림 4-12] 학생 오케스트라의 연주 장면

출처: https://www.sjpeople.kr/9039

도록 합니다. 이러한 어린 시기 음악 체험은 청소년들을 넓은 세상 밖으로 이끌어, 자기의 삶을 바르게 지켜 나가고 어떤 어려움도 극복할 수 있도록 도와줍니다.

2) 다문화 교육으로서 음악이 왜 중요할까요?

다양한 문화의 음악을 배우고 그 문화가 지니는 의미와 역할을 탐구하는 것은 흥미로운 일입니다. 학생들은 음악에서 다양한 인종, 성별, 사회적 배경을 반영하는 콘텐츠를 가지고 전 세계의 음악을 통해 서로를 이해하고 존중하며 배려할 수 있는 태도를 배우지요. 이것은 힘 있는 나라의 특정한 문화를 흡수하거나, 힘이 약한 나라의 문화를 지배하여 동화시키려는 것이 아닙니다. 음악을 통해 서로 동등한 위치에서 교류하고 공유한다는 의미입니다. 예를 들어, 아프리카의 드럼, 인도의 전통 현악기, 라틴 아메리카의 민속 음악 등을 배우면서 각 문화의 고유한 음악적 표현을 존중하고, 그 나라의 문화에 더 가까이 다가가게 되는 것이지요. 우리나라 케이팝도 문화 교류의 큰 역할을 담당하고 있음을 우리는 잘 알고 있습니다. 혹시 좋아하는 나라나 가 보고 싶은 나라가 있나요? 먼저 그 나라의 음악을 들어보면서 음악의 고유한 특징을 느껴 보세요!

학생들은 음악수업에서 여러 나라와 관련한 인권 운동, 성 평등, 환경 보호 등의 주제를 다루고, 이와 관련한 음악 작품을 분석하고 연주해 볼 수 있습니다. 또한, 다양한 문화적 배경, 사회적 정의, 인간 평등을 배우고 이를 다양한 음악 장르에 접목할 수도 있지요. 이러한 과정은 학생들이 음악을 통해 사회 문제를 더 깊이 분석하고 이해하여 자신의 목소리를 표현할 수 있는 돌파구를 만들어 주기도 합니다.

이같이 음악은 세계시민교육으로서 폭넓은 교양과 인성을 함양하는 데 이바지할 뿐만 아니라, 세계 여러 나라의 문화 간 교류를 활성화하는 데 일조합니다. 음악의 역할이 너무 거창한 것 같나요? 앞서 말한 내용을 다시 한번 떠올려 보면서 앞으로 다가올 시대에도 음악은 항상 우리들 곁에 있다는 것을 잊지 말기 바랍니다.

3) 창의성 계발에 도움을 주는 창작 활동은 앞으로 어떻게 전개될까요?

음악에서 '창작'은 수업에서 배운 음악 개념을 통해 음악적 아이디어를 가지고 자신의 방식으로 음악을 표현하는 영역입니다. 창작이라는 용어보다 '작곡'이라는 말이 조금 더 친숙할까요? '작곡가'라는 말은 많이 들어보았을 거예요. 창작은 대부분 '작곡'과 '즉흥연주'로 나누어지지요. 음악을 듣거나 연주하는 일은 누구나 한 번쯤은 해보았을 것 같지만 음악창작은 어떤가요?

음악창작은 기초지식이 어느 정도 갖추어 있어야 합니다. 음악 개념, 즉 리듬, 가락, 화성, 셈여림, 빠르기, 형식, 음색 등에 대한 이해가 미리 준비되어야 하지요. 쉽게 말해, 어려운 수학 문제를 풀기 위해서 덧셈, 뺄셈, 곱셈, 나눗셈을 미리 공부해야 하는 경우와 빗댄다면 이해가 될까요? 그러나 미래사회에는 그도 핑계일 수 있습니다. 수학에 '계산기'가 있다면 곱셈, 나눗셈도 고민거리가 안 되겠죠? 창작도 AI 음악 생성기(AI music generator)를 통해 쉽게 음악을 만들 수 있는 시대가 열리고 있기 때문입니다. 이에 발맞추어 학교의 음악교육에서도 학생의 창의성을 키우기 위해 '창작' 영역을 새롭게 등장시켰답니다. 음악에서 '계산기'라 할 수 있는 AI 음악 생성기로 나만의 음악 만들기에 도전해 보세요. 여기 프로그램을 몇 가지 소개해 볼게요.

이러한 프로그램 말고도 AIVA나 TunePad 등 여러 창작 프로그램이 있답니다. 몇 가지 프로그램을 둘러보고 본인에게 맞는 AI 음악 생성기로 재미있는 음악창작 활동에 도전해 보세요. 어느새 음악 창의성이 쑥쑥

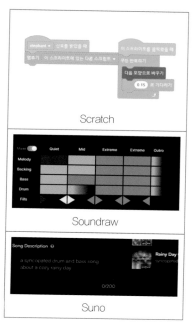

[그림 4-13] **다양한 디지털 도구**

커진답니다. 이 외에도 민경훈(2023) 외의 저서 『뉴노멀 시대의 디지털 미디어 기반 음악교육 방법』은 미래 시대의 창작과 관련한 다양한 음악교육 방법을 알려주고 있습니다.

생각 나누기

- 인문학과 관련하여 학교의 음악교육에서 다룰 수 있는 주제를 생각해 보고 함께 토론해 봅시다.
- 음악을 선택하여 감상해 보고, 인문학적 관점에서 생각해 볼 수 있는 내용을 서로 이야기해 봅시다.

📁 참고문헌

교육부(2021). 2022 개정 교육과정 총론. 교육부.

권덕원(2024). 음악적 민감성 향상을 위한 음악 교사의 역할. 미래음악교육연구, 9(1), 23-36.

김연권(2005). 빅데이터 시대에 인문학의 역할과 과제. 시민인문학, 30, 38-69.

민경훈(2023). 뉴 노멀 시대의 디지털 미디어 기반 음악교육 방법. 어가.

정창우, 손경원, 박영하(2015). 인문학 교육 프로그램의 효과성 분석 연구. 도덕윤리과 교육, 46, 23-58.

조규판, 주희진, 양수민(2021). 교육심리학. 학지사.

최진경(2020). 데이빗 엘리엇의 '실천적 음악교육론'에서 프락시스의 의미 탐색. 음악교육연구, 49(3), 99-123.

[사이트]

- 성신오케스트라, '경북학생오케스트라 공감축제' 참가 https://www.sjpeople.kr/9039

CHAPTER
05

인문과 국악

—

이성초

이 장에서는 국악교육의 중요성을 먼저 알아보고, 국악의 인문학적 가치를 논한다. 그리고 이를 토대로 현재 우리 생활 속에서 국악이 어떻게 활용되는지 다양한 사례들을 살펴보고, 앞으로 미래사회에 대처하기 위해 국악교육이 나아가야 할 방향을 인문학적 관점에서 제시한다. 독자들이 국악을 더욱 쉽게 이해하도록 돕기 위해서 학술적인 접근보다는 인문교양적 차원에서 사례 중심으로 쉽게 서술하고자 한다.

1. 국악의 이해

1) '국악' 하면 무엇이 가장 먼저 떠오르나요?

'국악' 하면 가장 먼저 단소가 떠오르는 사람이 있고, 〈아리랑〉이 제일 먼저 떠오르는 사람도 있고, 사물놀이가 제일 먼저 떠오르는 사람도 있을 겁니다. 그렇다면 국악에는 어떤 음악들이 있을까요? 어떤 악곡들이 국악에 속하는지 알기 위해서는 국악의 개념과 역사를 살펴볼 필요성이 있습니다.

2) '국악'의 뜻을 알아볼까요?

국악은 나라(國)와 음악(樂)의 합성어로, 각 나라의 전통음악을 지칭하는 용어입니다. 중국에서는 국악을 '궈위에(國樂)'라고 하며 중국의 전통음악을 말하는 것입니다. 일본에서는 국악을 '코쿠카쿠(国樂)'라 하며 일본의 전통음악을 뜻합니다. 그러면 우리나라에서 '국악'이란 대한민국의 전통음악을 의미하는 것이겠지요.

3) 전통음악은 언제까지 연주된 음악을 말할까요?

문화재보호법상으로는 1910년 일제강점기 이전까지 우리나라에 있었던 음악을 말하지만, 통상적으로는 20세기 초반까지 전승된 음악까지를 포함합니다. 우리나라의 음악 역사를 거슬러 올라가면 상고시대 종교의식인 제천의식에서부터 살펴볼 수 있습니다. 부여의

노래와 춤이 연행되었습니다. 제천의식은 하늘을 숭배하고 제사를 지내는 의식입니다. 농경사회가 본격화되면서 부족 국가별로 추수감사제와 같은 성격을 띤 제천의식을 지냈습니다. 고대에서의 제천의식은 갈등과 해소의 장으로 축제의 기능을 담당하였는데, 이런 의식에서 음악은 중요한 요소로 빠지지 않고 연행되었습니다.

고려 시대의 고려가요 〈쌍화점〉에는 당시의 시대적 상황이 담겨 있으며, 조선 시대 〈쌍화곡〉으로 전승되며 노랫말의 변화를 통하여 달라진 시대 양상을 찾아볼 수 있습니다. 다음은 고려가요 〈쌍화점〉의 노랫말로 현대어로 번역한 내용입니다. '다리리' 등의 의미 없는 후렴구는 제외하였습니다.

만둣집에 만두 사러 갔더니만
회회(몽골인) 아비 내 손목을 쥐었어요.
이 소문이 가게 밖에 나며 들며 하면
그 잠자리에 나도 자러 가리라
그 잔 데 같이 답답한 곳 없다

삼장사에 등불을 켜러 갔더니
그 절 사주(주지) 내 손목을 쥐었어요.
이 소문이 이 절 밖에 나며 들며 하면
그 잠자리에 나도 자러 가리라
그 잔 덴 같이 답답한 곳 없다

두레 우물(왕궁)을 길라 가고신댄
우물용(왕)이 내 손목을 쥐었어요 ……〈후략〉

　이 악곡은 고려 충렬왕 때 만들어진 작품으로 당시의 퇴폐한 성윤리를 노골적으로 표현하였습니다. 1연에서는 만둣가게의 회회(몽골인) 아비가 내 손목을 잡아서 정을 통했다는 내용으로 상인 계층의 성적 타락을 풍자하였습니다. 2연에서는 절의 주지, 3연에서는 우물의 용(왕)이 손목을 잡았다는 내용으로 각각 종교계, 왕실을 의미합니다. 즉, 상인계, 종교계, 왕실에 이르기까지 성적으로 타락한 고려 사회의 모습을 엿볼 수 있습니다. 〈쌍화점〉은 당시 문란해진 세태를 경계로 삼고 군왕이 나아가야 할 방향을 제시하고자 만들어진 악곡인데, 남녀 간의 애정 소재들이 선정적 이미지를 연상시키면서 점차 유흥적인 노래로 향유되었습니다. 그러나 유교적인 이념이 강했던 조선 시대에는 사회 분위기상 퇴폐적 성향이 강한 쌍화점을 그대로 받아들이기가 힘들었습니다. 따라서 조선 시대에는 군왕이 독단에 빠지는 것에 대한 경계와 군신 간의 화락을 내용으로 유교적인 사회적 이념이 잘 드러나도록 개사하여 불렀으며, 악곡명을 〈쌍화곡〉으로 변경하였습니다(강경호, 2020).

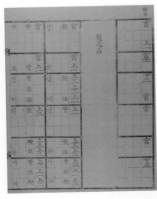

[그림 5-2] 쌍화점과 쌍화곡 악보

출처: 한국민족문화대백과사전.

3) 국악에는 우리 민족의 정신을 하나로 응집시키는 힘이 있나요?

몇 년 전에 SBS에서 방영된 드라마 〈황후의 품격〉에서 우리 민족의 정신을 하나로 응집시킬 수 있는 장면이 나왔습니다. 이 드라마는 현재 대한제국의 황실이 존재한다는 가정하에 전개된 작품입니다. 주인공이 대한제국의 황후로서 공식 석상에서 연설 대신 〈아리랑〉을 불러 그 자리에 참석한 외국인들로부터 호응을 끌어내며 결국 모두 하나가 되어 즐겁게 즐기는 장면입니다.

이 장면은 많은 것을 내포하고 있습니다. 먼저 〈아리랑〉이 대한민국을 대표하는 노래로서 세계 사람들을 인식시켰다는 것입니다. 〈아리랑〉이 세계에 알려지게 된 계기에는 유명한 일화가 전해집니다. 1953년에 미국의 재즈 음악가 오스카 페티포드(Pettiford)가 한국 전쟁 중 오키나와 기지에 위문 공연차 방문했는데, 이때 약 1시간가량 한국에 체류한 적이 있었습니다. 이 짧은 시간에 그는 우연히 화장실 밖에서 대기하던 통역관들이 휘파람을 부는 소리를 듣고 순간적으로 감흥을 받아 그 멜로디를 소재로 작곡하였습니다. 당시 군인들이 불렀던 멜로디는 〈아리랑〉이었는데, '아디동'으로 알아들은 페티포드는 〈아리랑〉의 선율을 12마디 형식의 블루스로 편곡하였고, 〈아디동 블루스〉라는 곡명으로 앨범을 발매하였습니다(기미양, 2023. 8. 8.). 이 악곡은 미국으로 귀국한 참전용사들의 추억을 자극하였고 큰 인기를 불러일으켰습니다. 이후 세계의 다양한 작곡가들은 〈아리랑〉을 창작의 소재로 활용하였고, 이는 한국을 대표하는 노래로 세계에 인식되었습니다.

〈아리랑〉은 한국 민족의 대표적인 노래로 인식됩니다. 제1차 세계 대전 당시 독일은 세계 각지의 포로들을 대상으로 다양한 문화권의 전통음악과 언어를 녹음하였는데, 그때 한국인 포로들이 불렀던 노래가 아리랑이었습니다(김정은, 2014. 12. 3.). 〈아리랑〉은 일제강점기 때 우리 민족의 정체성과 자부심을 지키는 노래로 표상화되었고, 독립운동에도 자연스럽게 활용되었습니다. 한국전쟁에서도 〈아리랑〉은 우리 군의 구심점이 되었으며, 이에 따라 한국전에 참전했던 외국 군인들은 한국전쟁을 〈아리랑〉과 함께 기억합니다. 포로 중 〈아리랑〉을 부르지 못하면 중공군, 〈아리랑〉을 잘 부르면 북한군으로 분류하였고, 전투 중 고립되었을 때 〈아리랑〉을 부르면 한국인들이 공포심이나 거부감을 느끼지 않고 보호해 주었다고 합니다(기미양, 2023. 8. 8.). 이처럼 〈아리랑〉은 우리 민족을 대표하는 노래였으며, 고난과 역경에 부딪힐 때마다 하나로 응집하는 구심점이 되었습니다.

4. 생활과 세계 속에 스며드는 국악

1) 현재 국악은 우리에게 어떤 모습으로 존재할까요?

안타깝지만 일제강점기 때 일본이 의도적으로 국악을 말살하고 창가를 교육하면서 대중들에게 국악이 점점 멀어지게 되었습니다. 그리고 서양음악과 대중음악이 그 자리를 차지하게 되면서 50년 이상 국악은 우리 곁에서 멀어지게 되었고, 21세기 들어 점점 가까워졌습니다. 지금도 천천히 가까워지는 중입니다.

우리 생활 속에는 알게 모르게 국악이 많이 스며들었습니다. 지하철 환승 음악으로 〈얼씨구야〉와 〈풍년〉이라는 국악이 사용됩니다. 우리나라 국민의 상당수가 출퇴근 시 계속 국악을 듣게 되고, 한국을 방문한 외국인들이 한국의 지하철을 탔을 때 제일 먼저 떠올리는 음악이 될 것입니다. KTX의 시발역 대기 음악으로는 민요 〈몽금포 타령〉이 사용되고, 종착역 음악으로는 가야금으로 연주한 〈해피니스(happiness)〉가 흘러나옵니다. KT & Apple의 2020년 광고 음악에는 판소리 〈흥보가〉, 삼성전자의 2021 광고 음악에는 판소리 〈춘향가〉, 그린피스의 2021 광고 음악에는 판소리 〈수궁가〉, 배스킨라빈스의 2021 광고 음악에도 판소리가 사용되었습니다. 이 외에도 대한민국 대표팀의 응원가로 〈아리랑〉을 부르거나 사물놀이 악기를 사용하는 것, 런던 올림픽에서 국악 응원가 '코리아'가 불린 것 등도 우리 생활 속에 스며든 국악의 예로 볼 수 있습니다.

세계화 시대로 접어들면서 각 나라의 문화적 힘은 더욱 중요해졌습니다. 최근 BTS, 블랙핑크, 영화 〈기생충〉〈미나리〉등 한국의 대중문화가 국제적으로 큰 인기를 얻으면서 한국의 위상이 크게 부상

[그림 5-3] 런던 올림픽의 응원가 〈코리아〉의 연주 모습(좌)과
서울교통공사 환승 음악 〈풍년〉 포스터(우)

출처: https://m.entertain.naver.com/article/003/0004612030(좌), https://www.ikoreanspirit.com/news/articleView.html?idxno=72851(우)

하였습니다(이동연, 2021). 케이팝과 각종 한류 콘텐츠는 엄청난 유튜브 조회 수를 기록하였고, 한류가 전 세계 디지털 문화콘텐츠를 선도하게 되었습니다. OTT 기업인 '넷플릭스'는 향후 4년간 한국 콘텐츠에 3조 원을 투자한다고 밝혔습니다(유준하, 2023. 4. 25.). 삼성은 알아도 한국 기업인 것을 몰랐던 외국인들이 많았는데, 이제는 한국이라는 나라에 관심을 끌게 되었고, 이는 한국 문화에 관한 관심으로 이어지게 되었습니다.

2) 케이팝에서도 국악의 요소가 많이 사용되나요?

세계적인 인기를 얻고 있는 케이팝을 살펴보면, 국악의 요소를 활용한 사례들이 많이 발견됩니다. 국악곡 〈대취타〉를 모티브로 만들어진 케이팝 악곡은 첫 시작 부분에서 "명금일하 대취타 하랍신다."를 외치면서 징을 한번 치는 연무 형태와 태평소 가락을 그대로 차용하였습니다. 〈대취타〉를 모티브로 한 케이팝 악곡의 인기는 자연스럽게 국악곡 〈대취타〉에 대한 관심으로 이어지게 되었습니다.

[그림 5-4] 전통 〈대취타〉 연주 장면

출처: https://www.youtube.com/watch?v=8E0PLDtWNPU

3) 케이팝에서 국악의 요소를 활용한 사례들이 점점 증가할 까요?

국악은 외국인들에게는 생소한 음악입니다. 그런 생소함이 이국적인 요소로 다가갈 것이고, 이는 기존의 음악들과 차별성을 주게 됩니다. 다른 나라의 대중음악들과 차별성을 주기 위해서 국악은 굉장히 매력적인 소재가 됩니다. 현대에 국악의 요소들은 빠른 속도로 세계 속에 스며들어 가고 있습니다.

5. 인문 소양을 위한 국악교육의 새로운 패러다임

1) 인문학의 관점에서 국악교육이 앞으로 지향해야 할 방향 은 무엇일까요?

국악이 내포하고 있는 사상과 특성으로 인하여 국악은 지속가능 발전 교육의 중요한 소재로서 활용될 수 있습니다. 그리고 미래에 국악교육은 이러한 관점에서 이바지하여야 합니다. 한 가지 예를 들어보겠습니다. 주식회사 힐링브러쉬와 환경단체 그린피스의 콜라보레이션 공익 캠페인 'Global warming, Our future is disappearing' 은 우리나라의 공익 광고로, 해외에서 조회 수 1,000만을 달성하였습니다. 광고의 내용은 엄마와 어린아이가 손을 잡고 있는데, 시간이 지남에 따라 아이는 녹으면서 사라지고, 엄마만 남게 됩니다. 이 광고는 지구의 온난화로 인해 우리의 후손, 즉 미래가 사라지는 것을 표현한 광고로서, 환경 오염이 지속된다면 인류가 존속할 수 없다는 것을 표현합니다(이성초, 2024).

　이미 1960년대부터 환경 오염에 관한 위험성이 공식적으로 제기되었습니다. 1987년에는 지속가능발전의 개념을 제시하였고, 2015 유엔총회에서는 지속가능발전목표를 선포하여 2016~2030년까지 이행하기로 결의하였습니다. 지속가능발전은 미래 세대가 필요한 만큼의 자원을 남겨 두고 현 세대의 필요함을 충족시키는 것을 의미합니다. 그리고 지속가능발전을 위한 목표를 달성하기 위하여 교육의 필수를 강조하였으며, 2005년부터는 유네스코에서 지속가능발전을 위한 교육을 강화하였습니다. 지속가능발전 교육은 지속가능발전을 달성하는 데 필요한 능력과 의지를 길러 주는 과정을 의미합니다. 유엔이 발표한 지속가능발전목표는 모두 17개로 다음과 같습니다.

〈표 5-2〉 **지속가능발전목표 열일곱 가지**

1. 빈곤층 감소와 사회안전망 강화	10. 모든 종류의 불평등 해소
2. 식량안보 및 지속가능한 농업 강화	11. 포용적이고 안전하며 회복력 있고 지속가능한 도시와 주거지 조성
3. 건강하고 행복한 삶 보장	12. 지속가능한 생산과 소비
4. 모두를 위한 양질의 교육	13. 기후 변화와 대응
5. 성 평등 보장	14. 해양생태계 보전
6. 건강하고 안전한 물관리	15. 육상생태계 보전
7. 에너지의 친환경적 생산과 소비	16. 평화 · 정의 · 포용
8. 좋은 일자리 확대와 경제성장	17. 지구촌 협력 강화
9. 산업의 성장과 혁신 활성화 및 사회기반시설 구축	

　17개의 목표는 크게 환경적 영역, 경제적 영역, 사회적 영역으로 구분되고, 각각의 영역에는 교집합이 발생합니다. 예를 들어, 첫 번째 목표인 빈곤층 감소와 사회안전망 강화는 경제적 영역과 사회적

영역에 해당하고, 에너지의 친환경적 생산과 소비는 환경적 영역과 경제적 영역에 해당합니다.

인류가 미래 시대에 계속 생존하기 위해서는 지속가능발전목표를 달성할 수 있는 지속가능발전 교육이 전 교과 영역에서 다루어져야 합니다. 국악이 내포하고 있는 사상과 특성으로 인해 국악은 지속가능발전 교육의 중요한 소재로, 미래의 국악교육은 이러한 관점에서 이바지하여야 합니다. 한 가지 더 예를 들어보겠습니다. 다음은 함경북도에서 전승되는 어업노동요 〈명태잡이 소리〉의 노랫말입니다.

　　명춘아 대명춘아 / 아홉 코에 열한 개 / 걸랬구나 걸랬구나 /
　　물 아래는 달이로다 / 물 우에는 청실홍실 / 청실홍실 목에 걸고 /
　　솔나무 고개를 넘어온다 / 네가 죽어야 내가 산다 / 목에 선 반장수야

앞에 제시된 노랫말은 명태를 의인화하여 사람의 모습에 견주어 표현한 것입니다. 명태를 잡는 행위가 내가 먹고 살아가기 위해 어쩔 수 없다는 내용이 담겨 있습니다. 이는 조상들의 생명에 대한 존중성을 엿볼 수 있는 대목으로, 현대의 산업화가 진행되면서 자연과 다른 생물을 경시하고 훼손하는 지금의 우리 모습과 비견되는 부분입니다.

명태는 우리나라 동해의 대표적인 어종 중 하나였는데, 1980~1990년대 사이 무분별한 포획과 바다의 오염으로 인하여 현재는 더 이상 동해에서 잡히지 않습니다. 인간의 욕심으로 인하여 해양생태계가 파괴되었으며, 결국 그 피해는 지금의 우리와 미래의 후손들이

받게 됩니다. 어업노동요에 나타난 조상들의 삶의 모습을 통해 생태계 보전에 대한 가치를 생각해 볼 수 있습니다(이성초, 2024).

국악은 지속가능한 미래를 가능하게 하기 위한 인재상을 양성하는 데 매우 중요한 교육적 소재입니다. 앞으로의 국악교육은 음악적 탐구뿐만 아니라, 그 이상으로 더 나아가 경제, 환경, 사회, 문화 등 다양한 분야와 융합하는 융합 교육이 될 수 있는 방향으로 나아가야 합니다.

생각 나누기

- 국악곡 중 하나를 선정하여, 인문학적 관점에서 의미를 이야기해 봅시다.
- 국악의 요소를 사용한 대중음악을 찾아서 감상해 보고, 그 대중음악의 가치를 주제로 토론해 봅시다.

📁 참고문헌

강경호(2020). 〈쌍화점〉 관련 작품들의 창작 층위와 그 의미지향. 고전과 해석, 32, 107-144.

고영신, 이유정, 이성초, 김효진, 김보라, 최슬기, 길효섭, 이은솔(2018). 중학교 음악. 교학사.

권덕원(2015). 국악교육이 인성에 미치는 영향. 국악교육, 39, 7-26.

김영운(2015). 국악개론. 음악세계.

유준하(2023. 4. 25.). "한국 향한 신뢰"… 넷플릭스, 향후 4년간 K-콘텐츠에 3조원 투자. 이데일리. https://www.edaily.co.kr/news/read?newsId=02433766635579728&mediaCodeNo=257&OutLnkChk=Y

이동연(2021). 예술한류의 형성과 문화정체성- '이날치' 현상을 통해서 본 문화세계화. 한국예술연구, 32, 53-74.

이성천(1991). 한국의 음악교육을 진단한다. 도서출판 풍납.

이성초(2024). 지속가능발전교육의 관점에서 살펴본 국악교육의 방향성 모색. 국악교육연구학회, 18(1), 179-213.

이은적(2020). 인문학으로서의 미술(교육), 미술(교육)의 인문학적 가치 탐색. 문화예술교육연구, 15(3), 211-232.

이혜구(2000). 신역악학궤범. 국립국악원.

장사훈(1987). 국악총론. 세광음악출판사.

[사이트]

- [교과서국악] 대취타(Daechwita) https://www.youtube.com/watch?v=8E0PLDtWNPU

- '아디동 블루스' 아시나요? https://www.kado.net/news/articleView.html?idxno=750214

- 1910년대 독일수용소서 부른 한인 포로들의 망향가 https://www.yna.co.kr/view/AKR20141203176800005?input=1195m

- Agust D '대취타' MV https://www.youtube.com/watch?v=qGjAWJ2zWWI

- 국가 지속가능발전목표(K-SDGs) https://www.youtube.com/watch?v=GJZXJaZx0WQ

- 국악 관현악으로 듣는 지하철 환승 음악 새로 편곡 https://www.ikoreanspirit.com/news/articleView.html?idxno=72851

- 런던올림픽 국악응원가 '코리아' 공개합니다 https://m.entertain.naver.com/article/003/0004612030

- 북한0711 / 함경북도 회령시 송학리 / [명태잡이] 그물당기는소리 https://www.urisori.co.kr/urisori-cd/doku.php?id=nk:%EB%B6%81%ED%95%9C07:%EB%B6%81%ED%95%9C0711

- 지속가능발전교육(Education for Sustainable Development: ESD) https://www.youtube.com/watch?v=B7P3ojRQI8Y

- 한국민요대전 https://www.urisori.co.kr/doku.php?id=start

- 한국민족문화대백과사전 https://encykorea.aks.ac.kr/

인문과 미술

—

김향미

이 장에서는 먼저 미술의 기원과 간략한 역사를 알아보고, 미술의 인문학적 가치를 논한다. 그리고 이를 토대로 현재 우리 생활 속에서 미술이 어떠한 모습으로 함께하고 있는지 다양한 사례들을 살펴보고, 앞으로 미래사회에 대처하기 위해 미술과 미술교육이 나아가야 할 방향을 인문학적 관점에서 제시한다. 독자들이 미술을 쉽게 이해하도록 돕기 위해서 학술적인 접근보다는 인문교양적 차원에서 사례 중심으로 쉽게 서술하고자 한다.

1. 미술에 대한 이해

1) '미술'하면 가장 먼저 무엇이 떠오르나요?

'어릴 적 미술 시간에 그리던 그림' '특별히 손재주가 있는 사람들만 잘할 수 있는 것' '뭔가 고상하고 아름다운 것' 등 각 개인이 가지고 있는 미술에 관한 생각은 제각기 다를 것입니다. 우리는 어릴 적 연필이나 크레용을 손에 쥐면 무의식중에 뭔가 끄적거리거나 그리곤 했습니다. 누구나 그림을 그리거나 무엇인가를 만드는 것을 수없이 해 왔으면서도 막상 미술에 대해서는 막연하게 특별하다고 생각하는 것 같습니다. 그러나 미술은 원래 그렇게 특별하거나 전문적인 것으로 시작된 것은 아니며, 언제나 우리의 삶 속에 자연스럽게 녹아들어 있습니다.

예쁜 옷을 입고, 보기 좋은 음식을 먹으며, 멋진 집에서 살고 싶어 하는 것은 인간의 욕망입니다. 아름다움을 추구하는 것 역시 인간의 욕구이지요. 하늘이 맑고 푸르른 날, 사람들은 휴대전화를 꺼내 들고 아름다운 하늘과 풍경을 찍곤 합니다. 그 이유는 아름다움을 즐기고 오래오래 간직하고 싶어 하기 때문입니다.

아름다움을 즐기고 내면의 감정을 표현하는 미술은 인간의 본질적 행위로서 인간에게 중요한 삶의 일부이기도 합니다. 오늘날 휴대전화가 우리 신체의 일부처럼 여겨지듯, 미술 또한 우리 삶의 일부인 것입니다.

2) '미술'이라는 용어는 어떻게 만들어졌나요?

'미(美)'의 사전적 의미는 '눈으로 보았을 때 쾌감을 불러일으키는 요소'입니다(한국조형교육학회, 2016). 미술은 아름다울 미(美), 재주 술(術)로 이루어진 용어로서, 직역하면 '눈으로 보았을 때 아름답다고 느끼게 하는 재주 혹은 기술'이라고 풀이할 수 있습니다. 막상 이렇게 정리하고 보니, 우리가 고상하고 품격있는 예술로 이해하고 사용하는 '미술'을 설명하기에는 뭔가 부족한 느낌이 듭니다. 서양의 아트(art)라는 용어 속에도 오래전부터 원래 기술을 의미하는 테크노(techno)의 개념이 내포되어 있긴 하지만, 근대기 동양에 서양의 아트가 소개되고 번역되는 과정에서 미술의 본질인 '미'보다는 '기술' 쪽으로 무게중심이 치우친 경향이 있어 참으로 안타깝습니다.

더 자세히 설명하자면, 미술 행위 자체는 까마득히 오래전부터 우리 삶의 일부로서 우리 곁에 존재해 왔지만, 지금 우리가 사용하고 있는 '미술'이라는 단어 자체는 근대기의 산물입니다. 근대기 동서양 교류가 물꼬를 트기 시작할 때, 일본이 빈 만국박람회, 파리 만국박람회 출품을 앞두고 준비하는 과정에서 서양의 아트를 어떻게 쉽게 번역할 것인지 고심하면서 처음으로 사용하였던 용어가 바로 '미술'이었던 것입니다. 거기에는 다분히 기술적인 면을 강조하는 취지가 암묵적으로 깔려 있었고, 그 결과 마치 미술이 아름답게 표현하는 '기술'인 것처럼 인식된 것입니다.

3) 미술은 인류의 삶에서 어떻게 시작되었나요?

미술이나 세계사 교과서에는 선사시대 동굴벽화가 가장 오래된

미술작품으로 소개되고 있습니다. 이같이 미술은 우리 인간의 역사
와 함께 시작되었습니다. 그 시대 동굴에 그려진 그림들은 당시 인
류의 사고와 생활의 모습을 가늠하게 해 주는 좋은 단서들입니다.
이 그림들을 이해하기 위해서는 그 당시에 그림을 그렸던 사람들의
의도를 먼저 읽어 내야 합니다. 이 그림들은 동굴 내부를 아름답게
장식하기 위함도 아니고, 미적 표현 욕구를 발산하기 위한 것도 아
니었습니다. 이는 흔히 공동체가 더불어 생존해 나가기 위해 주술적
인 목적으로 그려졌다고 풀이되고 있습니다. 동굴 속 아주 깊고도
신성한 곳에서 정성을 다해 사냥의 대상을 그림으로 새겨 넣었다는
것은, 생존을 위한 성스러운 의식의 일환이었음을 가히 짐작할 수
있습니다. 더 많은 동물을 사냥하고, 사냥하면서 맞닥뜨리는 위험으
로부터 안전하게 보호해 달라는 간절한 염원이 깃들어 있었겠지요.

[그림 6-1] 선사시대 동굴벽화(좌), 선사시대 동굴벽화 부분(우)

4) 미술은 어떠한 변화를 거쳐 왔을까요?

인간은 필요에 따라 동굴에 그림을 그려 삶의 모습을 남기거나 혹은 도구를 활용하여 생활 속에서 자연스럽게 사용을 하였는데, 이러한 그림이나 도구들이 근대 이후에는 하나의 예술 장르인 '미술'로 분류되기 시작하였습니다. 우리는 일반적으로 미술을 시각적 · 공간적 아름다움을 표현하는 예술로 규정하고 회화 · 조소 · 디자인 · 공예 · 서예 · 건축 등으로 구분하곤 합니다. 그러나 이는 '미술사'라는 학문 분야가 새롭게 등장하면서 편의상 분류한 것일 뿐, 미술은 본래 나누어진 것이 아닌 통합적이고 상호 연관적인 것이었습니다.

많은 미술가들은 기존의 미술 형식을 넘어서서 창의적인 상상력과 전위적인 발상으로 늘 새로움을 추구해 왔습니다. 미술사는 다양한 미술의 흐름과 관련하여 다음 〈표 6-1〉과 같이 끊임없이 분류, 정의하고 있습니다.

〈표 6-1〉 **다양한 미술의 흐름**

시대 구분	특징
중세 미술	신을 위해 봉사
이탈리아 르네상스 미술	인간과 현재에 눈을 돌림
바로크 · 로코코 미술	극적인 효과와 화려함을 중시
낭만주의	신화와 고전으로 눈을 돌림
사실주의	평범한 서민의 일상에 주목
인상주의	빛과 순간의 인상을 중시
입체주의	이전의 미술 형식을 벗어나 기하학적 색면을 중시
초현실주의	잠재적인 무의식과 창조적인 자유를 중시

추상표현주의	사실적인 형태의 해체를 시도
팝 아트	대중문화와 미술의 융합을 시도
설치미술	입체적인 구조로 공간과 관계를 맺음
키네틱 아트	순간을 담은 미술을 넘어서서 움직임을 표현함
행위 미술	신선한 발상의 전환 속에서 과감하게 메시지를 전달
미디어아트	과학기술과의 상호작용을 통한 아이디어에 착안

> **더 알기 현대미술에서의 다양한 용어들**
>
> • **키네틱 아트(kinetic art)**: 작품 자체가 움직이거나 움직이는 부분을 포함하는 미술작품입니다. 나아가 관객이 작품을 자유롭게 움직이게 하거나 별도의 동력을 사용하여 작품 자체를 움직이도록 하는 작품 등으로도 확장하고 있습니다. 움직임과 더불어 빛이나 소리, 색채 등을 종합적으로 다루기도 합니다.
>
> • **전위미술**: 프랑스어의 아방가르드(avant-garde)를 번역한 말로, 군사 용어인 전위부대에서 비롯되어 제1차 세계 대전 후 미술(예술) 용어로도 사용하기 시작하였습니다. 전통적인 미술에 대한 반항을 기반으로, 20세기 초의 새롭고도 혁신적인 정신과 작품 행위, 혁명적인 미술운동을 가리킵니다.

5) 각 시기별로 대표적인 미술작품을 알고 싶습니다.

각 시기별로 유명한 미술작품을 알아보도록 하겠습니다. 앞의 '〈표 6-1〉 다양한 미술의 흐름'을 참고하면서 작품을 감상하시기 바랍니다.

[그림 6-2] 중세 고딕건축: 생트샤펠(Sainte-Chapelle) 대성당 내부

출처: https://www.sainte-chapelle.fr/en/

[그림 6-3] 르네상스 미술: 〈모나리자〉
(레오나르도 다 빈치, 1503~1506 추정)

출처: https://gongu.copyright.or.kr/
gongu/wrt/wrt/view.do?wrtSn=13266923
&menuNo=200018

[그림 6-4] 바로크 미술: 〈성 마테의 소명〉
(카라바치오, 1600)

출처: https://gongu.copyright.or.kr/gongu/wrt/wrt/
view.do?wrtSn=13265973&menuNo=200018

[그림 6-5] 로코코 건축: 베르사이유 궁전 내부

출처: https://www.chateauversailles.fr/

[그림 6-6] 낭만주의 미술: 〈민중을 이끄는
자유의 여신〉(외젠 들라크루아, 1830)

출처: https://gongu.copyright.or.kr/gongu/wrt/
wrt/view.do?wrtSn=13294956&menuNo=200018

[그림 6-7] 사실주의 미술: 〈돌 깨는 사람들〉(구스타프 쿠르베, 1849)

출처: https://gongu.copyright.or.kr/gongu/wrt/wrt/view.do?wrtSn=13358887&menuNo=200026

[그림 6-8] 인상주의 미술: 〈수련〉
(클로드 모네, 1906)

출처: https://www.artic.edu/artworks/16568/
water-lilies

[그림 6-9] 추상표현주의 미술:
〈가을의 리듬(No.30)〉(잭슨 폴록, 1950)

출처: https://www.metmuseum.org/art/collection/
search/488978

[그림 6-10] 키네틱 아트: 〈해머링 맨〉(조나단 보로프스키, 2002)

출처: ⓒYolanta C. Siu / 세화미술관 제공, https://sehwamuseum.org/

2. 미술교육의 중요성

1) 미술교육이 왜 필요한가요?

미술이 아름답게 표현하는 '기술'인 것처럼 인식되어 온 오랜 전통으로 인하여, 과거의 미술교육 역시 '미술교육은 미술을 교육하는 것이고, 이는 아름답게 표현하는 기술을 가르치는 것이다.'라는 편협한 관점을 낳았습니다. 그러나 오늘날에는 이러한 인식이 크게 변화되어, 미술교육이 다음과 같은 이유에서 중요하다고 생각되기 시작하였습니다.

- 미적 감수성 계발
- 정서적인 안정감
- 시각적 의사소통을 통한 공감
- 시각적 매체를 통한 창의적 탐색
- 창의성과 융합적 사고 계발
- 비평적 사고의 발달

2) 미적 감수성 계발과 관련하여 미술교육의 역할을 알고 싶습니다.

미적 감수성은 미적인 대상이나 현상에 대해 느끼고 반응하는 것을 의미합니다. 미술교육은 이러한 미적 감수성을 기르는 것을 목표로 합니다. 우리가 붉은 저녁노을을 바라보며 감흥에 젖고, 멋진 풍광을 보며 그 아름다움에 감탄하는 일상의 모든 장면이 바로 미적 감수성에서 비롯되는 것들입니다. 이와 같은 미적 감수성을 바탕으로 아름다움에 대한 해석을 다채롭게 끌어내면서 다양한 미술의 형식이 탄생했습니다. 그러나 최근 미술교육에서 다루어지는 미적 감수성은 아름다움·추함·기쁨·슬픔·경이로움·낯섦 등과 같은 인간의 감정과 관련한 '정서적 감수성'뿐만 아니라, 지식이나 지성에 대한 '지적 감수성', 타인과 공감하며 사회적 현상에 대해 반응하는 '사회적 감수성' 등을 모두 포함하고 있습니다(한국조형교육학회, 2016).

따라서 미술교육에서의 미적 감수성은 개인의 삶의 가치관을 형성시키는 본질적인 요소인 동시에 공동체 의식을 형성하는 기본 요소로 이해되어야 합니다. 즉, 다양한 대상과 현상에 대한 지각을 통해 자신과 타인의 감정을 이해하고 그것을 표현하는 능력과, 미적 경험을 통해 미적 가치를 느끼고 이를 내면화하여 삶의 질을 높일 수 있는 능력을 길러 주는 것이 미술교육에서 미적 감수성을 함양해야 하는 이유입니다. 자연물과 인공물, 자연현상이나 사회적 현상과 교감하고, 그 경험에 대한 자신의 감정과 생각을 미술의 다양한 형식으로 표현하는 과정을 통해서 함양된 미적 감수성은 우리의 삶의 질을 높여 주는 중요한 동인이 됩니다.

3) 미술이 정서적 안정에 어떻게 도움을 주나요?

자신의 마음과 생각을 스스로 알아가는 과정은 긍정적인 자아 형성을 위해서 필요합니다. 미술을 통한 자기표현은 자신에 대해 지각할 수 있는 기회를 제공합니다. 자기표현은 개인의 자존감을 높여주고 정신이 물질보다 더 가치가 있으며 행복한 삶을 영위하는 데 더 중요하다는 것을 스스로 알아가도록 하는 과정이라 할 수 있습니다.

언어는 방어적·논리적으로 심상을 표현하는 반면, 미술은 비언어적인 수단으로서 비교적 이성의 통제를 적게 받기 때문에 주제에 따라 미처 예상하지 못했던 표현 결과를 얻을 수 있으며, 이를 통해 자신의 내면세계와 마주하게 됩니다. 또한, 자신만의 조형 언어를 사용하는 미술은 자신의 심상을 적극적이고 솔직하게 표현하게 합니다. 더구나 미술은 개인의 감정이나 생각을 회화나 조소 등 시각적인 결과물로 구체화하기 때문에 자신의 작품을 보면서 스스로 개인의 존재를 깨닫고 정서적인 만족감을 느끼게 해 줍니다.

미술 활동의 결과물은 회상의 대상이 되기도 하고 동시에 변화를 자각하게 하는 자료가 되기도 하며, 작품의 변화를 보면서 자신의 심적 변화를 스스로 깨닫게 해 주기도 합니다. 즉, 미술을 통한 자기표현은 자신의 감정과 생각을 시각화하는 과정이며, 그 결과물을 통해 자기 생각과 감정을 실제 눈으로 확인하면서 다시 성찰할 수 있는 기회를 제공해 준다는 것이지요. 이 점에서 미술교육은 삶과 연관된 다양한 주제를 다채롭게 표현하는 활동을 통해 학습자들이 자기 내면에 있는 생각과 감정을 시각화하고, 그 과정에서 자신의 사고와 삶의 모습을 되돌아볼 수 있도록 해 줍니다.

4) 소통 수단으로서 미술은 어떻게 활용될까요?

현대사회는 시각문화의 시대로서, 우리는 시각적 이미지로 가득 찬 세상에서 살고 있습니다. 특히 최근 디지털 매체의 발달로 인하여 우리는 시각 이미지와 시각적 정보의 홍수 속에서 생활하고 있습니다. 이미지 상징들은 우리의 다양한 감정과 삶의 모습들을 담고 있어서 더욱 중요한 소통의 수단이 되고 있습니다. 이미지와 상징을 통한 소통은 이성만이 아니라 감정과 감성을 수반하기 때문에 논리에 기반을 둔 언어적 소통보다 더욱 감성적인 공감대를 형성할 수 있습니다. 우리가 일상적으로 사용하는 스마트폰의 이모티콘은 열 마디의 말이나 설명보다도 직관적으로 자신의 감정을 더욱 드라마틱하게 전달해 줍니다. 그래서 우리는 하루에도 몇 번씩 다음과 같은 고민을 하게 됩니다.

"이 대목에선 어떤 이모티콘을 보내야 내 마음이 잘 전달될까?"
"함께 힘내자는 응원의 메시지는 이게 좋겠네."

최근 미술가들은 대중이 자신의 작품을 단순히 감상하는 것 그 이상을 넘어 보다 더 적극적으로 소통하고 새로운 의미를 창출해 내고자 고심하고 있습니다. 이와 같은 미술계의 변화와 동향을 반영하여 최근의 미술교육 역시 표현 활동에 편중되었던 종래의 수업방식에서 탈피하여 생활 속의 시각문화 전반을 대상으로 하고 있습니다. 즉, 시각 이미지와 정보에 내포된 상징과 의미를 해석하고 자기의 창의적인 아이디어로 새로운 의미를 생산하며, 또한 언어로 표현하기 어려운 깊은 감정의 세계를 시각적으로 표현하면서 서로 적극적으로 소통할 수 있는 능력을 길러 준다는 것입니다.

또한 다른 사람의 감정을 읽고 공감하는 미술 활동을 통해 공동체의식도 길러질 수 있습니다. 우리가 옛날에 경험하였던 교실 속 미술시간의 풍경을 돌이켜 보면, 최근의 미술교육은 더욱 넓은 시야에서 더 큰 가치들을 실현하고자 노력하고 있다는 사실을 실감하게 됩니다.

5) 미술교육에서 다양한 표현 매체는 학생들에게 어떠한 영향을 줄까요?

미술교육에서 활용하는 다양한 매체는 학생들의 표현능력을 신장시켜 주는 데에 매우 중요한 역할을 합니다. 여러 매체를 다루면서 온 감각으로 물성 체험을 한다는 것은 미술 교과의 핵심입니다. 눈으로 보고 촉감으로 느끼면서 매체를 다루는 경험은 신체적·정신적 발달을 촉진시켜 줍니다. 신체적으로는 소근육 발달, 눈과 손의 협응 능력 향상, 신체 움직임의 힘과 속도를 조절하는 능력을 강화시켜 줍니다. 그리고 정신적으로는 다양한 재료의 특성을 탐구하고 의도에 맞게 활용하는 과정에서 여러 문제와 직면하게 될 때 그에 대한 해결 방안을 찾아내면서 문제 해결 능력이 향상될 뿐만 아니라, 이를 통해 성취감도 높아질 수 있습니다(한국조형교육학회, 2016). 또한, 주어진 매체를 변화시키거나 다른 대상과 결합하면서 상상과 연상 활동이 활발하게 일어나며, 그 과정에서 관찰력·탐구력·문제 해결 능력도 길러집니다.

이같이 미술교육에서 다양한 매체의 활용은 기술을 익히는 것 이외에도 창의적인 성과를 추구하기 위한 탐색과 도전의 기회를 제공해 줍니다. 더욱이 디지털 매체와의 상호작용이 일상화된 청소년들에게 디지털 매체를 통한 미술교육은 서로 소통하고 공감하며 바람직한 의미와 가치를 생성하고 공유할 수 있도록 교육의 내용을 확장하고 있습니다. 즉, 미술가들이 관람자와 소통하기 위해서 다양한 매체와 테크놀로지를 탐색하고 활용하는 것과 같은 맥락이지요.

6) 창의·융합적 사고를 위해 미술교육은 어떻게 전개되어 야 하나요?

미술 활동을 통해서 창의성이 길러진다는 말에는 이의의 여지가 없습니다. 창의성이란 '새롭다'라는 개념을 내포하며, 비범한 발명이나 천재적인 사고만을 의미하는 것이 아니라 개인의 자기표현과 자기실현의 욕구에서 비롯되는 상상적인 경험을 포괄합니다. 1940년대 초반까지만 해도 창의성은 천재들의 전유물로 인식되었지만, 1950년대 길포드(Guilford)에 의해서 이와 같은 창의성에 대한 새로운 관점이 거론되기 시작하였습니다(박종안, 2005). 창의성에 대한 초기의 주요 연구자인 길포드(1950)와 토랜스(Torrance)(1994)는 문제에 대한 감수성을 기반으로 다른 사람과는 차별성이 있는 색다른 사고방식, 즉 사고의 독창성, 융통성, 아이디어의 유연성 등을 창의성의 주요 요소로 제시하였습니다. 그러나 오늘날 창의성과 관련된 용어들은 상상력, 재능, 혁신, 영감, 발명, 새로움, 독창성, 독특성 등 다양하게 정의되고 있습니다(Plucker & Makel, 2010).

보고 느끼고 생각하고 상상한 것을 독창적으로 표현하는 미술 활동의 모든 영역은 창의적인 표현에서 출발합니다. 이 점에서 미술교육은 인간의 잠재된 가능성, 즉 창의성을 계발할 수 있는 최적의 교육이라고 말할 수 있습니다. 따라서 미술교육에 있어서 창의성 교육은 생활 전반에 걸쳐 새롭고 가치 있는 아이디어나 문제 해결 방법을 생각해 내고 활용할 수 있는 능력을 기르는 데 주안을 두어야 합니다.

또한, 현대사회는 창의융합의 시대라고도 불리며 창의성뿐만 아니라 창의성을 기반으로 여러 분야의 지식을 함께 모으고 연결하여 통합할 수 있는 융합적 사고도 강조하고 있습니다. 지난 2015 개정 교육과정에서는 창의융합형 인재를 '인문학적 상상력과 과학기술 창조력을 갖추고 바른 인성을 겸비하여 새로운 지식을 창조하고 다양한 지식을 융합하여 새로운 가치를 창출할 수 있는 사람'으로 정의한 바 있습니다(교육과학기술부, 2015). 창의융합형 인재를 육성하기 위해 미술교육에서 추구하는 창의성 교육은 자신의 느낌과 생각을 다양한 정보와 자료 그리고 매체를 활용하여 창의적으로 표현하는 것과 미술 활동 과정에서 직면하는 문제들을 합리적으로 해결하는 것, 나아가 생활에서 유익한 정신적 가치를 창출하도록 하는 것 등을 목표로 하고 있습니다(한국조형교육학회, 2016). 즉, 미술을 중심으로 한 융합적 사고력의 결과로 창의성이 발현되도록 교육해야 한다는 것입니다. 미술교육은 인문학, 과학, 다른 예술 분야와 융합하면서 분절된 지식과 정보를 긴밀하게 연결 지어 사고하게 하고, 이를 바탕으로 새로운 지식을 창조하는 융합적인 능력을 길러 준다는 점에서 그 의미를 찾을 수 있습니다.

• 융합인재교육

7) 미술교육에서 비평적 사고가 어떻게 계발될 수 있을까요?

비평적 사고란 기존의 보편화된 신념, 정보, 상황 등을 회의적으로 생각하여 타당한 근거로 새로운 의견을 주장하는 정신적 과정입니다. 타당한 근거를 내세우기 위해서는 신뢰할 수 있는 정보 분석과 상황에 대한 객관적인 증거를 근거로 인과관계를 명확하게 밝히고 판단하여야 합니다(한국교육심리학회, 2000).

　미술교육에서 중요하게 다루는 '비평적 사고' 영역은 학생들이 삶과 사회에 대한 가치관을 확립하는 데 큰 역할을 합니다. 미술교육을 통해 학생들은 일상생활에서 접할 수 있는 다양한 시각 정보를 탐색하고 거기에 담긴 의미를 파악하면서, 이를 바탕으로 공공성에 대한 인식까지도 생각해 볼 수 있습니다. 이른바 정보의 홍수, 특히 시각 정보의 홍수 속에서 옳고 그름을 판별하고 바람직한 정보를 선별할 수 있는 안목을 기르며, 이를 통해 올바른 가치관을 형성하도록 돕는 것이 미술교육의 중요한 역할입니다.

　이제 미술교육은 미술적인 지식이나 기술뿐만 아니라, 인간과 사회의 상호작용을 통해 새롭게 창출하는 다양한 의미와 가치를 다루는 분야라는 것을 강조하고자 합니다. 이러한 점에서 미술과 미술교육은 인문학적 성격을 지니고 있다고 말할 수 있습니다.

3. 미술의 인문학적 가치

1) 미술교육의 인문학적 가치는 무엇일까요?

　김문환(1999)은 예술교육이 개인의 영혼을 고양할 뿐 아니라, 사회·문화에 대한 이해, 성찰, 반성 능력 및 의사소통 능력을 갖추게 하고 사회적·문화적 과정에 독립된 개인으로 참여할 수 있는 주체적 역량을 갖게 하는 것은 물론, 사회적 연대에도 공헌한다고 설명하면서 예술교육의 사회적, 인문학적 가치를 강조하였습니다. 미술교육 역시 예술에 관한 탐구뿐만 아니라 그 과정에서 동시에 인간에 대한 이해와 탐구를 추구하기도 합니다(민혜숙, 1996). 즉, 미술교육은 미술 자체에 대한 이해는 물론, 아름다움을 느끼고 그것을 표현하는 인간의 의미 있는 행위, 예를 들어 자신과 주변 세계를 탐구하고 성찰하며 이를 시각적으로 표현하고 감상하는 활동을 통해 어떻게 자기 성취와 성장을 이루어가게 할 것인지에 주목하고 있습니다. 따라서 미술교육은 미술에 관한 탐구이면서 동시에 인간과 세상에 관해 근원적인 탐구를 추구한다는 점, 미술교육의 큰 목표 중 하나가 과거와 현재의 미술작품 안에 녹아들어 있는 다양한 삶에 대한 이해를 돕는 데 있으며, 자연과 사회, 인간 간의 관계성에 주목하고 있다(한국조형교육학회, 2016)는 점에서 인문학적 가치가 내재해 있음을 알 수 있습니다.

2) 미술은 사회와 어떻게 관계해 왔을까요?

미술을 포함한 예술은 인간의 중요한 본질적인 행위입니다. 미술은 자연이나 생명 등 근원적인 것에 대한 관찰과 탐색을 하는가 하면, 나아가 시대정신의 표상이기도 합니다. 개인의 순수한 미적인 감정의 표현을 넘어서 작가가 속한 역사적 배경 안에서 미술은 완성되며, 때로는 사회적인 가치와 의미를 대변하기도 합니다. 즉, 미술작품은 사회적 상황을 반영하여 표현하거나, 혹은 당대의 사회적 조건들에 의해 설명되기도 합니다. 개인의 삶을 보다 큰 사회적 삶으로 확대하거나 융합하는 과정에서 사회적으로 공감할 수 있다는 점에서 미술은 본질적으로 사회적인 성향을 내포합니다.

미술은 미적 의식에 기초한 개성과 선천적 재능뿐만 아니라, 공동체로서의 사회적 현상과 환경적 요인에 의해서도 영향을 받으므로 본래부터 사회적 기능을 가집니다. 실제로 미술작품은 사회를 묘사하거나 이상화하고 혹은 사회를 위한 공공성을 띠기도 합니다. 예를 들어 역사적으로 볼 때, 옛날에 귀족과 종교의 권위를 상징하고 특권층에 의해 보호 · 육성되어 일반 서민들과는 거리를 둘수록 가치가 있다고 생각되었던 미술이 현대에는 사회의 공공재로서 우리 생활에 더욱 친근한 존재로 다가오고 있습니다. 부언하자면, 종래 특정 계층의 엘리트 의식에 기반한 예술지상주의가 약화되고, 인쇄 및 복제 기술의 발달로 인하여 미술이 저렴한 가격으로 일반 대중에 대량 보급됨으로써 감상의 소외가 극복되고 감상인구가 확대되었습니다. 이제 화이트 큐브로 대변되는 미술관에서뿐만 아니라 공공미술의 확대에 힘입어 미술가와 일반인들의 공동참여로 상호작용이 활발해짐으로써 미술의 사회적 기능은 나날이 확장되고 있습니다. 이제는 미술관을 벗어나 공공장소나 거리, 도시 내 대안 공간, 때로는 도시 전체가 전시장으로 활용되기도 하면서 미술과 지역사회와의 연결고리는 더욱 견고해지고 있습니다.

더욱이 이전의 예술에 비해 오늘날에는 주변 환경의 변화와 대중문화 그리고 과학의 발달에 따른 매체의 발전이 다양한 예술 표현을 요구하면서, 순수미술은 물론 현대미술에 이르기까지 광고디자인, 산업디자인, 환경 조각 등 미술 전반에 걸쳐 그 영향력을 확장해 나가고 있습니다(한국조형교육학회, 2022). 이러한 점에서 미술의 사회적인 의미는 더욱 강화되고 있다고 할 수 있습니다.

최근에는 다양한 사회적 변화와 난해한 문제들에 대처하기 위하여 예술가들의 창의적인 시각이 필요하다는 인식 아래, 더 나은 미래를 위해 효과적이고 지속가능한 예술에 대한 기대가 더욱 커지고 있습니다. 이러한 가운데 사회참여 미술의 등장은 미술과 사회가 점점 더 긴밀하게 상호작용하고 있다는 것을 보여 줍니다.

> **더 알기** **화이트 큐브(white cube)**
>
> 미술관 출입구 이외에 사방이 막혀 있는 실내 공간을 의미하며, 미술작품을 전시하는 가장 기본적인 공간으로 인식되었습니다. 이는 20세기에 모더니즘이 등장하면서 흰색이 미술작품을 가장 잘 부각할 수 있다는 생각에서 비롯되었고, 이처럼 흰 벽을 배경으로 하는 전시방식은 미술비평가 오도허티(O'Doherty)가 '하얀 입방체 내부에서(inside the white cube)'라는 글을 소개하면서 정착되었습니다. 그러나, 예술과 일상을 분리하고 작품에 대한 관람자의 감상 태도를 규정하거나 획일화시킨다는 비판이 일기 시작하면서 화이트 큐브로부터 탈피하려는 다양한 시도들이 나타나게 되었습니다. 예를 들어, 전시장의 벽에 구애받지 않는 설치작업이나, 미술관 밖으로 전시 공간이 확장된 공공미술 등이 대표적인 사례입니다.

3) 미술과 인문학은 어떤 관련성이 있을까요?

미술의 사회적 속성과 더불어, 미술은 특정한 주제와의 유사성을 연결고리로 하여 문학적 · 철학적 · 종교적 · 경제적으로 긴밀하게 연결되어 있습니다. 이 중에서도 특히 문학적 · 철학적 관점은 인간에 관한 탐구로 귀결됩니다. 이 점에서 미술은 역사적 · 사회적 맥락 안에서 인문학적 관점을 다분히 공유하고 있는 것입니다.

하버드 대학교의 데이비스(Davis)는 미술을 포함한 예술이 지닌 특성들이 어떻게 아동과 청소년들의 진정한 성장을 이끄는지 예술의 교육적 · 인문학적 가치를 들어 설명하였습니다. 그녀는 "자신의 예술적 의도와 아이디어를 통해 탄생한 미술작품은 인생의 장대한 여행에서 자신의 결정과 행동으로 결정될 미래를 상상하는 능력, 그리고 그 결말에 영향을 미칠 수 있다는 자신감을 기르는 데 큰 역할을 한다."라고 강조하였습니다(한국조형교육학회, 2016 재인용). 미술활동은 학습자로 하여금 자신이 속한 공동체와 세계에 관심을 두고 깊이 관여하며 긍정적인 변화를 이루도록 해 줍니다.

4. 생활 속의 미술

1) 오늘날 미술은 우리에게 어떤 모습으로 존재할까요?

오늘날에는 대량생산과 소비사회의 등장으로 고급예술 문화와 대중예술 문화라는 상반된 개념이 생기게 되었습니다. 일반적으로 문학 · 음악 · 회화 · 연극 · 조각 등은 삶과 세계에 대한 지식을 제공하고 창의적 상상력을 통해 새로운 이해를 창출하며, 또한 주의 깊은 관조의 태도를 요구한다는 점에서 순수예술로 구분되었고, 이를 고급예술 문화로 인식해 왔습니다. 반면에 대중예술 문화는 대중 매체에 의해 전파된 대중문화로 시민 모두가 쉽게 접근하고 즐길 수 있도록 만들어지고, 다른 소비상품처럼 생산, 분배, 소비되는 방식을 따르고 있습니다. 우리는 언제부터인가 자연스럽게 대중문화, 대중미술 속에서 생활하고 있습니다.

최근에는 예술과 비예술의 경계도 모호해졌습니다. 현대에는 모더니즘이 가졌던 보편적인 가치를 부정하고 수평적인 다양성을 중시하는 경향으로 흐르며 예술 영역 간, 그리고 고급예술과 대중예술, 순수예술과 실용예술 간의 경계가 허물어지고 있습니다. 즉, 현대미술은 인류의 시작부터 존재해 온 전통적인 미술을 포함하여 모더니즘과 포스트모더니즘 미술이 공존하고, 현대 예술가들은 예술과 삶, 작가와 관객과의 관계 맺음을 시도하며 미술의 기능을 '인간의 삶을 위한 미술(art for life's sake)'로 바라보기 시작하였습니다(Bourriaud, 2011).

인문학적 성향을 내포한 미술은 철학 · 사회학 · 심리학 · 문화인류학 등과 연관하여 역사, 문학, 대중문화, 정치, 경제, 일상생활의 기호들로 이해되고 있습니다(Garber, 1995). 현대미술은 주관적이면서 객관적이고 개인의 감성을 중시하면서도 우리의 삶 속에 깊이 관여하는 사회 참여적인 성격을 동시에 내포하고 있습니다. 더구나 포스트모더니즘 미술이 등장하면서 이미 주어진 것이나 존재하는 것을 선택하고 사용하고 조작하며 재구성하는 과정을 통해서 작품의 유일무이성과 본질을 비판하며 고급예술과 저급예술의 경계 그리고 예술과 삶의 경계가 허물어지고 있는 것을 볼 수 있습니다. 삶이 곧 예술임을 보여 주는 사례는 점점 더 늘어나고 있습니다. 이와 같은 미술계의 동향을 반영하듯이 에플랜드를 비롯한 몇몇 학자는 듀이(Dewey)와 프레이리(Freire)의 삶, 경험, 환경의 철학에 바탕을 둔 포스트모더니즘 경향의 미술교육을 강조하고 있습니다(Efland et al., 1996). 이러한 문화 현상으로 인해 '시각문화 미술교육', 혹은 '다문화 미술교육'이라는 다양한 이론들이 다채롭게 전개되면서 미술교육은 우리의 생활 속에 깊이 관여하며 다양한 문화를 수용하게 되었습니다.

2) 사회참여 미술이란 무엇입니까?

미술이 점차 우리의 삶과 밀착되면서 1990년대 이후부터는 미술의 범주를 넘어 사회와의 관계를 추구하고 사람들과 협동 형식으로 사회적 과제에 접근하려는 미술적 시도들이 증가하게 되었습니다. 즉, 미술작품이 작가 개인의 손으로 만들어지는 것이 아니라, 참여·대화·활동을 통해 공동으로 제작되는 양상을 보이게 된 것입니다. 이러한 현상은 지역사회, 도시 디자인, 복지, 환경 등 폭넓은 범위를 활동 대상으로 하며, 작품의 결과보다 과정에 중점을 두고 현대사회의 다양한 문제를 참가자들과 대화를 통해 해결하려는 접근을 시도합니다. 엘게라(Helguera, 2013)는 사회참여 미술이란 "세상을 더 좋게 변화시키려는 미술가들의 실천(practice)이며, 오늘날 우리가 직면하는 최대 과제의 하나는 이 실천과 사회 정의의 관계를 구축하는 것이다."라고 설명하였습니다. 이처럼 사회참여 미술은 더욱 적극적으로 현대사회의 다양한 문제에 대하여 함께 고민하고 소통하며 해결책을 모색하고 있습니다.

• 사회참여 미술 사례

3) 미술이 치료의 목적으로 사용되기도 하나요?

우리가 미술작품을 그리거나 만들 경우, 거기에는 우선 그것을 하고 싶다는 충동이 전제되며 그 충동에는 어떠한 감정이나 이미지가 수반됩니다. 그것을 작품으로 구체화하는 행위 자체가 자기표현의 과정이라 할 수 있습니다. 그런데 일단 객관적인 대상물로서 완성된 작품은 타인과도 공유할 수 있는 의사소통의 수단이 되기도 합니다.

즉, 미술 행위에는 '자기표현'과 '시각적 의사소통'이라는 두 가지 과정이 내포되어 있으며, 언어로는 표현할 수 없는 다양한 내적 감정을 끌어내고 거기에 구체적인 형태를 부여하게 됩니다. 마음 깊숙이 감춰진 감정에 형태를 부여하는 일은 그 자체가 카타르시스이며 치유와도 연결될 수 있습니다. 화면 전체에 자유롭게 표현하고 힘껏 색칠하는 동안 전신에 집적되어 있던 우울한 감정들이 발산되기도 합니다. 또한, 우리는 종종 복잡한 내용이나 언어로는 다 표현할 수 없는 것에 관해 이야기할 때 종이에 그림을 그려가며 설명하기도 합니다. 이는 언어에 의한 의사소통을 미술이 보충하고 있는 셈입니다.

이와 더불어, 연습을 반복하는 과정에서 서서히 숙련되어 간다는 느낌을 통해 스스로 자기실현을 의식하기도 합니다. 이처럼 미술표현이 마음을 치유하는 데 크게 기여한다는 사실은 여러 가지 사례를 통해 확인되고 있습니다.

[그림 6-11] 리버풀 국립박물관(National Museums Liverpool) 노인미술치료
프로그램 '기억의 집(House of Memories)'

출처: https://book.liverpoolmuseums.org.uk/houseofmemories/events?category=
House%20of%20Memories

5. 인문 소양을 위한 미술교육의 새로운 패러다임

1) AI와 공존하는 뉴노멀 시대에 미술교육은 어떤 모습으로 나아가야 할까요?

최근 미술교육에서의 화두는 '4차 산업혁명' '인공지능' '포스트 휴머니즘' '뉴노멀' 등으로 집약됩니다. 새로운 기술과 매체의 활용, 기계와 대비되는 인간만의 능력 계발 등과 같은 담론은 미술교육 분야에서 다루어야 할 중점 역량을 찾는 데에 매우 중요합니다.

과거의 미술교육이 전통적으로 '표현' '기술' '결과'를 중요하게 여겼다면, 오늘날 인공지능 시대의 미술교육은 미디어 매체를 활용하는 것뿐만 아니라, 이와 동시에 인간이 미술을 담당해야만 하는 이유, 그리고 미술교육이 인간 성장에 꼭 필요한 이유를 증명하는 것에 중점을 두고 있습니다. 이 점에서 미래의 미술교육은 교육적 관점에서는 감성, 소통, 공동체를, 그리고 기술적 관점에서는 창의융합의 가능성을 모색하여야 합니다.

2) 인문학의 관점에서 미술교육이 지향해야 할 방향은 무엇일까요?

AI가 일상화되는 과정에서 미술교육은 인간이 인공지능의 도구로부터 도전을 받는다는 점에 주목하여야 합니다. 미술교육은 기술과 매체로 대체될 수 없는 인간 삶의 성찰 매개로서 역할을 하여야 합니다(류지영, 장연자, 2021). 미래의 과학 발전에 따른 미술교육의 현대화, 상상력·비판력·통찰력을 기르는 미술교육, 다양한 매체를 활용한 미술교육, 그리고 미술교육의 본질과 의미의 재발견 등 미술교육에 관한 다양한 연구는 새로운 시대에 미술교육을 가치화하고 새롭게 의미를 부여하는 데 큰 기여를 할 것입니다. 미술교육에 관한 이러한 연구들은 자기 자신에 대한 성찰과 미래의 방향에 대한 인문학적 성찰을 전제로 하여야 합니다.

미술교육의 핵심과 본질을 유지하며 교육을 수행하고자 하는 방향성은 궁극적으로 사고 중심, 성찰 중심, 인문학 중심, 소통 중심의 수업을 실행하는 것, 학생들이 공동체의 구성원으로서 공유의 가치를 탐색하는 것, 그리고 실행하는 데 있어서 주체자로 적극적으로 참여하는 것에 있습니다(류지영, 장연자, 2021).

생각 나누기

- 내 삶에서 어떤 종류의 미술을, 어떤 방식으로 경험했는지에 대해 이야기해 봅시다.
- 미술관에서 보는 미술작품과 책이나 영상을 통해서 보는 미술작품의 차이점을 설명해 봅시다.
- 소셜 미디어에서 생산, 유통, 소비되고 있는 미술을 찾아보고, 그 콘텐츠의 성격과 의미를 인문학적 관점에서 이야기해 봅시다.

참고문헌

교육과학기술부(2015). 2015 개정 교육과정 총론(교육부 고시 제2015-74호).

김문환(1999). 문화교육론. 서울대학교 출판부.

김향미(2005). 미술교육에 있어서 미술치료적 관점의 적용에 관한 연구.

조형교육. 26, 121-136.

류지영, 장연자(2021). 포스트 코로나 시대의 미술교육. 미술교육연구논총. 64, 161-188.

민혜숙(1996). 미술 · 진리 · 과학: 미술과 테크놀로지. 재원.

박종안(2005). 대한민국 창의력 교과서. 푸른솔.

한국교육심리학회(2000). 교육심리학용어사전. 학지사.

한국조형교육학회(2016). 미술교육의 기초. 교육과학사.

한국조형교육학회(2022). 창의융합미술교육. 교육과학사.

Bourriaud, N. (2011). 관계의 미학 (*Esthetique relationelle*). (현지연 역). 미진사. (원저는 1998년에 출판).

Efland, A., Freedman, K., & Stuhr, P. L. (1996). *Postmodern art education: An approach to curriculum*. NAEA.

Garber, E. (1995). Teaching art in the context of culture: A study in the borderlands. *Studies in Art Education: A Journal of Issues and Research. 36*(4), 218-232.

Guilford, J. P. (1950). Creativity. *American Psychologist, 5*, 444-454.

Helguera, P. (2013). 사회참여예술이란 무엇인가 (*Education for socially engaged art*). (고기탁 역). 열린책들. (원저는 2011년에 출판).

Plucker, J. A., & Makel, M. C. (2010). Assessment of Creativity. In J. C. Kaufman & R. J. Sternberg (Eds.), *The cambridge handbook of creativity* (pp. 48-73). Cambridge University Press.

Torrance, E. P. (1994). *Creativity: Just wanting to know*. Benedic Books.

[사이트]

- [교육부] 융합인재교육(STEAM)-국문 https://www.bing.com/videos/riverview/relatedvideo?q=%ec%b0%bd%ec%9d%98%ec%9c%b5%ed%95%a9%ed%98%95+%ec%9d%b8%ec%9e%ac&mid=C37C40E4355A6C

E8A408C37C40E4355A6CE8A408&FORM=VIRE

- 사회참여미술 사례 https://www.bing.com/images/search?q=%ec%82
  %ac%ed%9a%8c%ec%b0%b8%ec%97%ac%eb%af%b8%ec%88%a0+%e
  c%82%ac%eb%a1%80&qpvt=%ec%82%ac%ed%9a%8c%ec%b0%b8%ec
  %97%ac%eb%af%b8%ec%88%a0+%ec%82%ac%eb%a1%80&form=IGR
  E&first=1

- 선사시대 동굴벽화 https://www.bing.com/images/search?q=%ec%84
  %a0%ec%82%ac%ec%8b%9c%eb%8c%80+%eb%8f%99%ea%b5%b4%e
  b%b2%bd%ed%99%94&qpvt=%ec%84%a0%ec%82%ac%ec%8b%9c%e
  b%8c%80+%eb%8f%99%ea%b5%b4%eb%b2%bd%ed%99%94&form=I
  QFRML&first=1

- 세화미술관 https://sehwamuseum.org/ 〈해머링 맨〉 ⓒYolanta C. Siu.

- Autumn Rhythm (Number 30) https://www.metmuseum.org/art/
  collection/search/488978

- Calling of Saint Matthew https://gongu.copyright.or.kr/gongu/wrt/
  wrt/view.do?wrtSn=13265973&menuNo=200018

- Château de Versailles https://www.chateauversailles.fr/

- Liberty Leading the People https://gongu.copyright.or.kr/gongu/wrt/
  wrt/view.do?wrtSn=13294956&menuNo=200018

- Mona Lisa https://gongu.copyright.or.kr/gongu/wrt/wrt/view.
  do?wrtSn=13266923&menuNo=200018

- National Museums Liverpool https://book.liverpoolmuseums.org.uk/
  houseofmemories/events?category=House%20of%20Memories

- SAINTE-CHAPELLE https://www.sainte-chapelle.fr/en/

- The Stone Breakers https://gongu.copyright.or.kr/gongu/wrt/wrt/
  view.do?wrtSn=13358887&menuNo=200026

- Water Lilies https://www.artic.edu/artworks/16568/water-lilies

07

인문과 교육연극

—

이명주

이 장에서는 교육연극이 오늘날 학교 교육에서 대안적 교육으로 등장하게 된 배경을 알아보고 교육연극의 교육적 함의와 인문학적 가치에 대해 논한다. 이를 토대로 학교 교육과정 안에서 교육연극이 어떤 역할을 할 수 있는지 사례를 중심으로 살펴보고 미래 교육을 위해 예술교육의 갈래로서 교육연극이 나아가야 할 방향을 제시한다. 독자들이 교육연극을 더 쉽게 이해하도록 돕기 위해서 학술적인 접근보다는 인문 교양적 차원에서 질문을 중심으로 쉽게 서술하였다.

1. 교육연극의 이해

1) 교육과 연극은 어떻게 만나게 되었을까요?

어린 시절 소꿉놀이를 해 보셨나요? 교육연극은 소꿉놀이와 그 작동원리가 닮아 있다고 할 수 있습니다. 누가 가르쳐 준 것도 아닌데 아이들은 세상을 모방하고 마치 그 사람이 된 듯 상상하며 엄마·아빠도 되고 의사도 되는 놀이를 즐깁니다. 사회적 의사소통과 표현을 연습하는 이 놀이는 우리의 본성과 발달단계에 근간을 두고 있습니다. 소꿉놀이가 자발적으로 역할과 상황을 상상하여 표현하는 놀이인 것에 반해, 교육연극은 교사가 연극적인 경험을 교육적 목적을 위해 구조화하여 학생들에게 제공합니다.

연극의 기원은 오래되었지만, 교육연극의 역사는 그리 길지 않습니다. 교육연극은 1900년대 초반 미국과 영국에서 시도되었고 우리나라에서 1990년대 이후 국내에 소개되어 다양한 형태로 발전하고 있습니다. 그래서 교육연극을 처음 들어본다는 사람도 있고, 연극교육이냐 교육연극이냐를 두고 많은 이견이 존재하기도 합니다.

2) 교육연극은 전문연극과 어떻게 다른가요?

연극이라는 말을 들으면 무엇이 떠오르나요? 우리가 알다시피 연극은 배우가 무대에서 극본에 따라 어떤 사건이나 인물을 몸짓·동작·말로써 관객에게 보여 주는 예술입니다. 연극의 기원은 문명 이전부터 행해져 온 제의·주술·굿·놀이에서 찾을 수 있습니다. 오늘날 연극은, 배우·무대·관객에다 극본을 더해 이루어집니다. 문학·미술·음악·무용 등 인접 예술 분야와 밀접하게 관련되어 있어 종합예술이라 하지요(한국민족문화대백과, 한국학중앙연구원).

연극이 관객을 전제로 공연하는 것에 목표를 두는 반면, 교육연극은 감상하는 사람과 연기하는 사람을 구분하지 않습니다. 따라서 연기의 숙련도나 대본을 실감 나게 말하는 것에 중점을 두지 않습니다. 공연보다는 경험의 과정에 중점을 두며, 학습자의 생각과 감정을 끌어내기 위해 연극적인 경험을 자극하고 궁극적으로 학습자의 변화를 끌어내는 것이 교육연극이 추구하는 목표입니다.

> "형님 애벌레를 만난 동생 애벌레들은 무슨 말을 했을까?"
>
> "이제 형님 애벌레를 만나봅시다!"

[그림 7-1] 교육연극 수업장면

출처: 저자와 예술강사의 협력수업.

교육연극이 이루어지는 교실은 무대가 되고, 교사의 안내에 따라 학생들은 즉흥적으로 역할을 수행하는 배우가 되거나 그 모습을 지켜보는 관객이 되기도 합니다.

> **더 알기** **연극(drama, theater)**
>
> 서양에서 연극은 드라마(drama)와 시어터(theater)로 불립니다. 이 용어들
> 은 각각, '행동한다(dramenon)'는 말과 '구경한다(theatron)'라는 동사에서
> 유래되었습니다. 따라서 드라마는 인생의 극적인 삶의 양태에 의미를 둔
> 개념이고, 시어터는 삶의 양태를 관람하는 데 의미를 둔 개념으로 구분할
> 수 있습니다. 드라마는 광의의 연극으로, 시어터는 극장을 전제로 한 연극
> 만으로 좁혀서 부르기도 합니다. 동양에서는 일찍부터 연극(演劇)이라는
> 한자어가 사용되었습니다.
>
> 출처: 문학비평용어사전(2006).

3) 학습관의 변화와 교육연극은 어떤 관련이 있을까요?

프래그머티즘(pragmatism)과 진보적 교육 운동(progressive education),
그리고 열린 교육(open education)과 함께 '무엇이 학습인가?'에 대한
담론의 변화는 연극을 교육과 접목하는 계기가 되었습니다(김병주,
2007). 학습자가 무엇을 경험하는지, 그 경험은 학습자에게 어떤 의
미가 있는지가 교육에서 중요한 문제가 된 것입니다.

[그림 7-2]에서 볼 수 있듯이, 행위와 놀이, 창의적 움직임, 연극
적 경험이 모두 학습이 될 수 있다는 패러다임의 변화가 교육연극을
탄생시킨 셈이지요. '교육연극'이라는 용어는 이런 포괄적이고 복합
적인 특성이 있는 수많은 세부 장르를 총칭하는 우산 용어(umbrella
term)의 의미로 통용되고 있습니다(김병주, 2007에서 재인용).

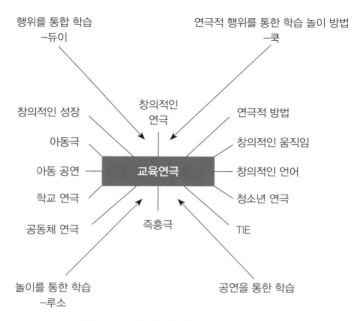

[그림 7-2] 교육연극의 복수성

출처: Courtney (2014).

4) 교육연극에도 다양한 갈래가 있나요?

연극적 특성 중 행위에 더 중점을 두느냐, 공연적 특성을 더 활용하느냐에 따라 다양한 형태의 장르들이 생겨났습니다. 우리에게 소개된 대표적 갈래는 다음과 같은 것들이 있습니다. 교사가 수업 내용을 재구성하여 학생들과 함께 교실에서 드라마를 체험하는 D.I.E(Drama In Education), 드라마 전문가와 참여자들이 즉흥적으로 상호작용하며 극적 체험을 만들어 가는 **과정드라마**(Process Drama), 그리고 공연형 프로그램인 T.I.E(Theater In Education) 등입니다. 이외에도 **창조적 드라마**(Creative Drama), 역할놀이(Role Playing), 포럼연극(Forum Theatre), 어린이 연극(Children's Theatre) 등도 교육연극의 하나로 실행되고 있습니다. 이 용어들은 교육연극이 활용되는 현장과 상황에 따라 교육연극의 지도자가 도달하고자 하는 교육 효과의 다양성과 관계된 것이라 할 수 있습니다(장연주, 2018에서 재인용).

더 알기 ▶ T.I.E(Theatre-In-Education), D.I.E(Drama-In-Education), 창조적 드라마(Creative Drama), 과정드라마(Process Drama)

- TIE: 배우–교사로 구성된 전문단체가 공연 전후 과정에 워크숍을 준비하고, 공연에서는 관객의 참여를 요구합니다.
- DIE: 드라마의 주제에 대한 이해에 중점을 두면서, 드라마적 행위를 함으로써 배우는 것을 강조합니다.
- 창조적 드라마: 미국의 워드(Ward)가 창안한 것으로 기존의 이야기를 바탕으로 하여 즉흥적인 드라마를 만드는 형태로서 미국에서 보편화된 방법론입니다.
- 과정드라마: 교사가 에피소드식의 구조를 계획·실행하고 학생이 몰입하여 참여하며 극적 경험을 함께 만들어 가는 교육연극의 방법론입니다. 극적 체험과 비판적 성찰 활동의 과정을 반복하며 주제를 깊게 탐구할 수 있습니다.

---

5) 학교에서 교육연극이 중요해진 이유는 무엇일까요?

21세기를 살아가려면 협력(collaboration), 의사소통(communication), 창의성(creativity)과 같은 역량이 중요하다고들 합니다. 학교교육 현장에서 교육연극은 더 통합적이고 다층적인 공부가 가능하도록 돕는 대안적 방법으로 떠오르게 됩니다. 교육연극이 학교에서 중요해진 이유는 몸을 통한 표현, 의사소통, 학습자 중심, 그리고 협력을 키워드로 살펴볼 수 있습니다.

6) 학교에서 몸으로 표현하는 경험은 왜 중요할까요?

교육연극 수업은 책상과 의자가 없는 공간을 만드는 것에서 시작합니다. 이곳에서 놀이성을 더 강조한 연극 놀이에서부터 짧은 즉흥극 또는 긴 호흡으로 극적 체험을 이어가는 과정드라마에 이르기까지 아이들의 신체적 표현과 역동이 중요한 수업 재료가 됩니다.

앉아 있을 때는 말이 없던 학생들도 교육연극 수업에서는 적극적으로 의견을 말하거나 표현하는 경우가 잦습니다. 왜일까요? 일반 수업보다 교육연극 수업에서는 정답을 말해야 한다는 긴장도가 낮기 때문입니다. 새로운 상황들이 이어지며, 무엇보다 몸을 움직일 기회가 많습니다. 이런 수업에서 학생들은 각자의 존재감을 더 드러낼 수 있으므로 몰입할 수 있다고 합니다. 몰입은 능동적인 활동에서 자신의 의지가 결합할 때 가능한 것입니다(권경희, 2019). 최근 뇌과학의 연구들은 신체의 움직임과 두뇌 활성화와의 연관성을 잘 보여 주기도 합니다.

7) 언어만으로는 의사소통이 충분하지 않다는 것은 어떤 의미일까요?

학교 공부에서 가장 많이 사용하는 의사소통 매체는 '언어'입니다. 학교에서 가르치고자 하는 지식과 가치도 언어의 형태로 통용됩니다. 의미를 전달하고 해석하기 위해 듣고, 말하고, 읽고, 쓰는 데 많은 시간을 쓰지요. 하지만 사람과의 의사소통은 언어만으로는 이루어지지 않습니다. 자세, 몸짓, 표정과 같은 비언어적 요소와 함께할 때 보다 온전한 의미를 주고받을 수 있지요. 예를 들어, 진심이 담기지 않은 '미안해'를 떠올려 보면 그 의미를 쉽게 이해할 수 있습니다. 언어와 함께 드러나는 표정, 목소리, 몸의 움직임을 통해 우리는 상대방의 의도를 해석합니다.

교육연극 수업에서는 의사소통의 매체로서 '언어 양식'과 함께 시각, 청각, 신체를 복합적으로 사용할 수 있습니다. 주인공처럼 말해 보고 표정을 짓고 걸어 보며 그 사람의 감정과 생각을 체험하는 것입니다.

> **더 알기　복합양식성**
>
> 복합양식성이란 하나의 매체에서 여러 기호가 복합적으로 결합하는 것을 뜻합니다. 연극은 시각적, 청각적, 신체적 구현양식으로 구성된 복합양식성을 띤 매체입니다(김주연, 2018).

8) 교육연극은 어떤 면에서 학습자 중심 교육이라고 할 수 있나요?

교육연극 수업에서는 자기 생각을 말할 기회가 폭넓게 주어집니다. 내 생각을 말하는 것은 비판적 사고의 출발점이 되고 남과 다른 나만의 아이디어로 발전시킬 수 있는 창의성의 바탕이 됩니다. 지식을 저장하는 데에 더 많은 시간을 쏟은 나머지 자기다움을 표현할 기회를 잃는 것에 대한 우려가 큽니다. 따라서 학습에서 자기 생각을 말하는 기회는 매우 중요합니다.

교육연극 수업에서 역할을 맡고 누군가가 되어 보는 경험의 목적은 행위를 하는 사람의 생각과 마음을 들여다보는 데 있습니다. 그 순간 내가 그 사람이 되었다고 생각하고 느끼고 행동을 선택하는 일에는 정답이 있을 수 없습니다. '나'로서 그 경험을 하는 것이 중요합니다. "나는 왜 그런 선택을 했을까?" "그때 내 마음은 어땠지?"와 같은 질문은 자신만이 답할 수 있는 것입니다. 이전 경험이 강렬할수록, 자신에게 유의미할수록 이후의 대화가 더 진지해집니다. 나만의 생각을 하는 것, 그것을 표현하는 것이야말로 주체적인 삶의 토대가 됩니다.

특히, 사회적 이슈나 역사적 사건, 도덕적 가치는 글 한 편을 읽고 외우는 것으로 학습하기 어렵습니다. 입체적이고 실제 상황으로 직접 들어가 현실의 맥락을 경험하고, 그 행위의 주체로서 느끼고 생각해 보는 것을 통해서만 진정한 학습이 가능해집니다.

9) 교육연극에서는 협력을 어떻게 경험하게 될까요?

교육연극 수업이 이루어지는 교실은 때론 소란하고 정돈되지 못한 모습을 보일 수 있습니다. 이는 교육연극 수업이 언제나 많은 갈등의 가능성을 안고 시작되기 때문입니다. 그룹 토의나 그룹 발표의 과정은 여러 의견 중에서 하나를 선택하고 나머지를 폐기하는 치열한 과정입니다. 감정이 상하거나 누군가 상처를 입기도 합니다.

협력은 서로에 대한 이해를 바탕으로 연습하고 반복하는 과정을 통해서만 발전할 수 있습니다. 교육연극 수업은 수많은 공동 작업을 포함합니다. 아이디어를 잘 내는 친구가 누구인지, 표현에 자유로운 친구가 누구인지 파악하는 것, 그러한 역동 속에서 나는 무엇을 할지 선택하는 과정이 무수히 반복되지요. 이런 긴장과 이완이 반복되는 과정에서 습득할 수 있는 삶의 기술이 바로 협력입니다(심상교, 2004).

'협력'이나 '공동체성' 그리고 '민주시민으로서의 태도'와 같은 가치는 다른 사람과 어울려 살아가는 방법을 실제로 연습하지 않고서는 절대 얻을 수 없는 것들입니다. 수업으로서의 교육연극은 협력 과정에서의 실패를 허용하고, 그 과정에서 우리가 무엇을 배울 것인지를 수업의 목표에 포함을 시킵니다.

2. 교육연극의 가치

1) 교육연극의 핵심 작동원리는 무엇인가요?

교육연극의 핵심 작동원리는 'as ~ if'라고 합니다. 이는 '마치 내가 ~ 인 것처럼'이라고 해석되며, '누군가(또는 무엇)가 되어 보기' '누군가(또는 무엇)로 살아 보기'라고도 표현할 수 있습니다. 책이나 드라마, 영화를 통해서도 누군가가 되어 보는 간접경험을 합니다. 간접경험만으로도 눈물을 흘리고 분노하고 가슴이 벅차오르기도 하지요. 우리가 모두 알듯 이런 간접경험은 세상을 이해하고 다른 사람을 풍성하게 이해하는 데 도움을 줍니다.

교육연극의 작동원리는 간접경험에 비해 보다 적극적인 방식으로 경험을 조직한다는 점에서 차이가 있습니다. 결정적인 한순간을 선택하여 그 속에서 살아가는 한 인물이 되어 볼 수 있도록 극적 체험을 제공합니다. 결정적인 순간이란 개인 간 갈등의 한복판일 수도 있고, 역사적인 사건을 도모하는 비밀 모임 장소가 될 수도 있겠습니다. 여기서 학생들은 반드시 누군가가 되어 그 상황 속에서 느끼고, 행동하고, 선택해야 합니다.

2) 상상한다는 것은 왜 인지적일까요?

상상한다는 것(imagination)은 이곳에 없는 일을 머릿속으로 그려
내는 일입니다. 상상력이야말로 새로운 아이디어를 발견하고 문제
를 해결하는 데 중요하게 쓰이는 능력이지요. 교육연극에서는 이
곳에 실재하지 않는 어떤 상황을 지어내는 것을 '극적 허구(dramatic
fiction)'라고 합니다. 이것은 자기 자신을 실제로 존재하지 않은 허구
적 상황에 대입시켜 특정한 상황 속에서 문제를 탐구하고 이해하는
기반이 됩니다(Courtney, 2007).

극적 허구로 들어간다는 것은 특정한 순간의 가치 체계와 행동 양
식과 같은 사회 문화적 맥락을 현재화한다는 의미입니다. 가령 "조
선 시대의 화원이 되어 보자."라고 하며 수업을 시작한다면 학생들
은 당시의 신분제도와 화원의 역할은 물론 조선의 정치 문화적 맥락
이 포함된 허구적 공동체에서 역할을 수행하게 됩니다. 학생들이 이
러한 활동에 암묵적으로 동의함으로써 허구의 세계가 가능해집니
다. 극적 허구는 언제나 '약속'으로 시작됩니다. 종을 치거나, 모자를
쓰거나, 손뼉을 치는 것과 같은 장치를 통하여 허구의 세계로 들어
갈 수도 있고 다시 현재로 돌아올 수 있습니다.

연극적 상상을 통하여 우리는 시공간과 존재를 초월한 여행을 할
수 있습니다. 이러한 여행에서는 학생들의 선행지식과 경험이 중요
한 재료가 됩니다. 여기에 더하여 교사는 탐험하고자 하는 시공간의
맥락을 치밀하게 수업 계획안에 배치하여 가상의 세계를 더욱 단단
하게 만듭니다. 교육연극이 학습으로서 갖는 가치가 여기에 있다고
할 수 있습니다. 이러한 연극적 상상에 참여하는 것은 단순히 몸으
로 재미나게 표현하는 것을 넘어 인지적 과정이기 때문입니다.

학생들은 심청이 인당수에 빠지는 순간을 목격하는 뱃사공이 되거나, 난민 수용을 반대하는 집회에 참여하는 시민이 될 수 있습니다. 사람들에게 버림받는 유기견이 되거나 혼자 지하철을 타는 장애인이 될 수도 있습니다. 이러한 주제를 다루는 수업에서 학생들은 단순히 누군가가 되어 보는 것을 넘어서, 그 이슈와 관련된 여러 쟁점과 맥락들을 총체적으로 경험하게 됩니다.

따라서 교육연극 수업이 단순히 재미있고 활동 중심이어서 좋았다는 평가는 충분하지 않습니다. 교육연극이야말로 가장 적극적이고 치열한 인지적 과정을 통하여 대안적 현실을 탐구하는 학습방법이라 할 수 있습니다.

3) 교육연극은 어떻게 공감 능력을 키울 수 있나요?

대부분 사람은 공감이 그 자체로 하나의 감정이라고 생각하지만, 심리학이나 뇌과학에서는 우리가 생각하는 것보다 훨씬 입체적이고 다층적으로 봅니다. 자키(Zaki)는 공감은 단 하나의 감정이 아니라, 타인의 감정을 공유하고, 그 감정에 관해 생각하고, 그 감정을 배려하는 것을 포함하여 사람들이 서로에게 반응하는 다양한 방식을 묘사하는 포괄적인 용어라고 설명합니다.

[그림 7-3]은 공감을 둘러싸고 우리의 마음과 정신 그리고 행동이 서로 어떤 영향을 주고받을 수 있는지 다층적으로 보여 줍니다. 공감을 단지 누군가를 가엾게 여기는 것만으로 설명할 수 없다는 것을 강조하는 것이죠. 교육연극에서 목표로 하는 공감은 다른 사람의 입장이 되어 적극적으로 느끼고 생각하는 것을 의미합니다. 만약 입장의 전이 없이 타인의 아픔을 상상하는 것이 연민(sympathy)이라고

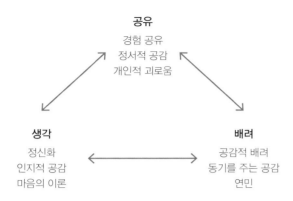

[그림 7-3] 공감의 다층적 구조

출처: Zaki (2021).

한다면, 적극적으로 그 사람의 입장이 되어 느끼고 생각하는 것을 감정이입적 공감(empathy)이라고 구분할 수 있습니다(Rifkin, 2010).

다른 사람의 아픔에 깊이 공감하는 것만으로도 사회의 많은 문제가 해결될 수 있습니다. 교실 역시 이러한 문제에서 예외는 아닙니다. 오히려 교실이야말로 서로 다른 아이들이 한데 어울려 살아가면서 매일 매일 해결해야 할 갈등을 마주하는 곳입니다. 공감하지 못하는 아이들이 친구에게 상처 주는 말과 행동을 해서 더 큰 사회적 문제로 이어질 수도 있습니다.

교육연극의 핵심은 누군가가 되어 보는 데 있습니다. 단지 수동적으로 누군가의 고통을 구경하는 것에서 벗어나 적극적으로 그 사람이 되어 그의 고통을 자신의 고통처럼 여길 수 있을 때, 우리는 타인에게 친절을 베풀어야 할 이유를 찾을 수 있습니다. 이런 까닭에 교육연극이 공감 능력을 향상하고, 학교폭력 예방과 관련해서 긍정적인 영향을 미친다는 연구 결과가 점점 많아지고 있습니다.

・교육연극

4) 교육연극은 어떻게 의사소통 능력을 키울 수 있나요?

교육연극에서의 자기표현은 단순히 언어로 자기 생각, 감정, 아이디어를 공유하는 것을 넘어서 비언어적 의사소통 기술을 적극적으로 사용하는 것을 포함합니다. 연극을 통해 역할에 맞는 감정과 생각을 적극적으로 수용하고, 그것을 표정이나 움직임으로 드러내는 과정이 이를 구현합니다. 이러한 언어적, 비언어적 의사소통의 결합을 총체적 언어의 의사소통 기술이라고 합니다.

연극의 언어는 생각, 말, 느낌, 행동의 다양한 조합으로 어우러져 의미를 창출합니다(황정현, 2007). 이는 교육연극에서 사용하는 복합양식성의 매체가 어떻게 유의미한 의사소통을 도울 수 있는지를 나타내는 중요한 근거가 됩니다.

내가 아닌 다른 사람이 되어 보는 경험, 자신의 해석에 따라 그 사람을 적극적으로 표현해 보는 기회, 언어와 함께 총체적인 의사소통 기술을 사용하는 기회를 통해 학생들은 세상의 다양한 관점을 폭넓게 이해하고 타인을 존중하는 태도를 배울 수 있습니다.

5) 교육연극을 가르치는 교사에게 요구되는 역할은 무엇인 가요?

교육연극은 앞에서 이미 밝혔듯이, 근대적 학습관에 대한 문제 제기와 함께 대안적 교육 방법으로 대두되었습니다. 학생의 자발적 참여와 창의적 상상력이 수업의 핵심이 되면서 전통적 교사의 역할에 대한 요구도 변화했습니다. 그래서 교육연극을 가르치는 교사를 부르는 이름도 여러 개입니다. 이들은 철학적으로 어디에 더 집중하고자 하는지에 따라 **티칭 아티스트**(Teaching Artist: TA), 드라마 전문가, **이끔이** 등 여러 용어로 사용되고 있습니다. 이 책에서는 이런 용어들을 구분하지 않고 '교사'로 통칭하겠습니다. 교육연극 교사에게는 대체로 다음과 같은 역할이 요구됩니다.

첫 번째는 수업의 기획입니다. 학생들이 탐색하기에 적합한 주제를 선정하고 그것을 극적으로 체험할 수 있는 경험의 조각들로 구조화하는 것은 교과서나 교사용 지도서에는 나와 있지 않습니다. 주제 선정을 위해 여러 교과를 묶거나 단원의 지도 순서와 내용을 바꾸는 등 교육과정을 재구성해야만 합니다. 학생들의 수준에 가장 매력적인 극적인 체험을 배치하고 교실 공간을 어떻게 효율적으로 사용할지도 계획에 포함해야 하겠지요. 이러한 과정은 없던 수업을 새롭게 창작하는 것입니다.

두 번째 중요한 역할은 수업의 실제적 진행에 관한 것입니다. 학생들이 어떻게 느끼고 말하고 표현할지 정해지지 않았기 때문에 교사는 매 순간 학생들이 창조해 내는 모든 것에 주의를 기울이며, 깨어 있는 태도로 그것들을 살펴볼 수 있어야 합니다. 때로는 교사도 약속된 하나의 역할을 수행하며 함께 극적인 체험을 만들어 가기도 합니다. 극적인 체험이 이루어지고 있는 중간이든, 체험에서 빠져나온 이후이든 교사와 학생은 끊임없는 대화를 통해 수업을 함께 만들어 나갑니다. 학생들의 내적 동기를 자극하거나, 경험한 것의 의미를 더 큰 문제와 연결 지을 수 있도록 촉진하는 질문을 하거나 관심을 다시 주제로 돌릴 수 있도록 제한하는 것 등이 모두 수업 대화에 포함됩니다.

마지막 역할은 예술과 사회에 대한 철학적 고민입니다. 교사 스스로 예술의 가치와 힘을 경험으로 체험하는 것이 중요합니다. 실제로 연극을 해 보거나 그림책, 미술, 음악과 같은 다양한 예술 형태를 삶에서 자주 경험하는 것이 결국은 교사의 수업 기획과 진행에 영향을 미치기 때문입니다. 가르치고자 하는 주제를 깊게 공부하는 것도 중요합니다. 교육연극 수업에서 탐구하고자 하는 사회적 혹은 개인적 이슈는 대부분 복잡한 역사 문화적 맥락을 포함하고 있습니다. 교사가 먼저 공부하고 학생들과 무엇에 대하여 이야기를 나누고 싶은지 고민할수록 수업의 깊이와 폭이 넓어집니다.

> **더 알기** **티칭 아티스트(Teaching Artist: TA), 이끔이**
>
> • 티칭 아티스트(Teaching Artist: TA): 문화예술교육 생태계 안에서 예술가로서의 역량과 교육자로서의 역량 모두를 발휘해야 한다는 철학적 관점을 갖고 활동하는 예술강사들을 지칭합니다(최지영, 2018).
> • 이끔이: '연극놀이 이끔이'라고도 합니다. 연극놀이 진행자, 연극놀이 지도자 등을 가리키는 용어로 널리 쓰이고 있습니다(최지영, 2007).

3. 학교에서의 교육연극

1) 교육연극 수업에서 다루는 주제는 주로 어떤 것인가요?

모든 예술과 인문학이 그러하듯 교육연극은 삶의 경험을 주제로 다룹니다. 우리 사회 다양한 곳에서 포럼연극, 토론연극, 플레이백 시어터, 청소년극, 아동극 등의 이름으로 대상과 목적에 따라 다양하게 시도되고 있지요. 이 글에서는 학교 안에서 이루어지는 교육연극, 특히 교육과정과 연계해서 시도되는 교육연극의 모습을 소개하려고 합니다.

앞에서 밝혔듯이 교사의 중요한 역할 중 하나는 교육과정을 재구성하여 수업을 기획하는 것입니다. 국어과에서는 문학 영역과 연계하거나 다양한 가치와 규범을 다루는 도덕 교과 또는 역사적·사회적 정보와 이슈를 다루는 사회 교과를 교육과정 재구성의 재료로 삼는 경우가 많습니다. 여기에 더하여 음악이나 미술과 같은 예술 매체의 표현형식과 연계하는 방법을 모색할 수도 있습니다. 다음 사례를 보면 초등학교에서 교육연극 수업의 주제가 어떠한 교과를 중심으로 재구성되는지 볼 수 있습니다.

〈표 7-1〉 교육과정에 연계한 교육연극 주제별 목차

학년	연계 교과	주제
6	국어, 도덕	• 교육연극으로 같이! 즐거운 가치 탐구
6	국어, 도덕, 사회	• 자기표현과 타인 이해를 위한 소통 능력 기르기
4	국어, 미술, 음악	• 함께하고 함께 나누는 종합 선물 세트

5	국어	• 인물의 마음을 통한 공감 능력 기르기
5	국어	• 연극으로 표현하는 역사 속 인물의 마음 여행
3	국어, 도덕	• 공감하고 소통하는 연극 수업
4	사회, 국어, 도덕	• 아름다움을 찾아서
5	국어, 도덕	• 교육연극과 함께하는 너와 나
5	국어	• 동화책과 연극을 활용한 마음의 보석 찾기
6	국어	• 존중과 배려로 함께 행복하기
6	국어, 도덕	• 진정한 우정과 화해 나눔 프로젝트
5	사회	• 교육연극을 통해 역사 속으로 GO, GO! • 학교 안으로 GO, GO!
4	국어, 과학	• 기후 위기, 우리의 지혜가 필요해
6	국어, 사회, 도덕	• 갈등을 넘어 평화로운 세상을 향하여
4	도덕, 수학	• 아름다움이란?
3	도덕	• 연극으로 함께하는 존중 · 배려의 마음 키우기
5	도덕, 사회, 국어	• 다 같이 행복한 우리 세상
6	국어	• 책으로 배우는 '나'
4	국어, 도덕	• 우리는 모두 소중해!
4	국어, 도덕, 사회	• 존중과 배려가 있는 ○○초 교육연극
5,6	국어	• 연극을 통해 자유롭게 표현하는 우리
중등	국어	• 갈등을 연극으로 표현하기

출처: 성남문화재단(2023).

　　교육연극 수업에서 다루고자 하는 주제는 현재 교실에서 겪고 있는 어려움 또는 우리 사회가 당면한 문제와도 관련이 있습니다. 존중과 배려, 갈등, 소통과 같은 주제들은 건강한 관계 맺기에 어려움을 겪는 학교의 문제들을 그대로 반영한다고 말할 수 있습니다. 〈표 7-1〉에는 포함되어 있지 않지만, 기후 위기와 함께 환경 문제, 생태 문제, 비판적 문해력 등 우리 사회가 당면한 문제들을 교육적으로 풀어내고자 하는 것이 최근의 경향으로 보입니다.

　국내에서 교육과정과 연계한 교육연극 수업의 대표적인 사례는 경기도 성남에서 2015년부터 시행해 오고 있는 '교육과정연계 교육연극 사업'입니다. 이 사례의 중요한 특징은 교육연극 수업을 교육과정과 긴밀하게 연계함으로써 일회성 이벤트로서의 연극이 아니라 일상의 수업에 교육연극을 녹여 내었다는 점입니다. 거기에 더하여 수업의 기획과 운영에 교사와 예술강사가 협력하여 소통한다는 점에서 의미 있는 도전이 되어 오고 있습니다. 다음에 소개할 수업의 사례도 교육연극 협력 수업의 일부입니다.

2) 교육연극의 수업사례를 소개해 줄 수 있을까요?

　여기에 두 개의 수업사례를 보여 드리겠습니다. 하나는 건강한 소통을 주제로 한 수업사례이고, 또 하나는 생명 존중을 주제로 한 수업사례입니다.

(1) 건강한 소통을 주제로 한 수업사례

　말을 잘한다는 것은 어려운 일입니다. 교실에서 학생들이 겪는 대부분 갈등은 상처를 주는 말에서 시작이 됩니다. 이 수업에서 학생들은 자기 경험에 비추어 말이나 행동 때문에 생기는 갈등의 사례를 찾고 토론연극으로 함께 해결 방법을 찾는 기회를 얻게 됩니다. 다음 〈표 7-2〉는 그림책 『가시 소년』(권자경 글/송하완 그림, 2012)의 그림 일부를 모티브로 사용해서 수업한 사례입니다. 수업의 큰 뼈대는 다음과 같습니다(교사 이명주, 예술강사 임청미).

〈표 7-2〉 수업안(초등학교 3학년 대상)

핵심 질문	나라면 어떻게 말할까?		
관련 교과	국어 9. 작품 속 인물이 되어	대상 학년	3학년
활동 주제	건강한 소통		
세부 활동 내용			
열기	• 그림책 일부를 보면서 이야기 나누기		
상처 주는 말	• 상처 주는 말을 함께 찾아보기 　– 어떤 상황에서 상처 주는 말을 사용할까? 　– 그 말들에 이름을 붙인다면?		
토론연극	• 미션 장소(시간)에서 갈등이 생기는 상황 즉흥극으로 만들기 　〈미션 1〉 체육 시간에 　〈미션 2〉 생일파티에서 　〈미션 3〉 수학 시간에 　〈미션 4〉 집에서 • 그룹별 연극을 보고 관객과 함께 토론하기 　– 무슨 일이 일어나고 있나요? 　– 누가 아파하고 있지요? 　– 일이 왜 이렇게 되었을까요? 　– 왜 저런 말을 하게 되었을까요? 　– 더 나은 선택을 한다면 어떤 방법이 있을까요?		
우리가 만드는 약속	• 약속하기 　– 이렇게 말해요 　– 이렇게 행동해요		

　　수업안이 보여 주듯 교육연극 수업에서의 연극은 공연을 위한 것이 아니라, 그 자리에서 즉흥적으로 토의를 통해 만들어집니다. 대본이 따로 필요하지도 않습니다. 학생들은 일상의 문제를 연극으로 만들어 발표하는 배우가 되고, 다른 그룹의 발표를 관람하는 관객이 되어 함께 문제를 해결하는 과정을 탐구합니다. 학생들이 만든 인상적인 장면은 체육 시간 피구 활동 상황에 관한 것이었습니다.

> "너 때문에 졌잖아."
> "너는 도움이 안 돼!"

　　말이 발단되어 다툼으로 확대되는 장면입니다. 학생들이 이 장면을 만든 이유는 실제로 학교에서 비슷한 일들이 일어나기 때문입니다. 토론연극은 관객이 문제의 장면에서 해결책을 제안하고 직접 장면으로 들어와 자신의 해결 방법을 실험해 볼 수 있습니다. 이 수업에서 학생들이 제안한 여러 방법 중 가장 많은 공감을 받은 해결방안은 '아무 말 하지 않기'였습니다. 그 이유에 대해 한 학생은 이렇게 말합니다.

> "때로는 아무 말 하지 않는 것이 친구를 배려하는 것일 수 있어요."

(2) 생명 존중을 주제로 한 수업사례

　　학생들이 주변의 반려동물에 대한 시각을 넓히고 나아가 생명에 대해 생각해 보는 기회를 얻기를 바라며 기획된 수업입니다. 수업안은 저자가 학교 도서관 캠프에서 실행한 수업을 바탕으로 '2024 성남 교과연계 교육연극 협력수업 참여 교사 사전연수'를 위해 다시 수정한 버전입니다(기획 권경희, 이명주).

〈표 7-3〉 수업안(초등학교 5학년 대상)

핵심 질문	내가 반려동물이라면?		
관련 교과	국어, 도덕	대상 학년	5학년
활동 주제	생명 존중		
세부 활동 내용			
열기	• 상황극 보기(교사와 예술강사): 길에서 목줄이 없는 개를 발견한 두 친구의 모습 　– 내가 만약 목줄 없는 개를 길에서 만난다면 어떻게 할까?		
내가 만약 개라면?	• 목줄 없는 개가 이곳에 오기까지 겪은 일 정지 장면으로 표현하기 　– 장면을 보며 이야기 나누기 　– 이름이 있나요? 무엇인가요? 　– 어쩌다 혼자 있게 되었나요? 　– 주인과는 왜 헤어졌나요? 　– 주인은 어떤 마음인가요? 　– 주인에게 하고 싶은 말은 무엇인가요?		
내가 반려동물 이라면?	• 내가 반려동물이라면 어떤 점이 힘들지 상상하여 즉흥극 만들기 　〈예시〉 　– 신발과 패딩을 입고 목줄을 한 채 주인과 산책하는 개 　– 가족들과 바닷가로 휴가를 떠났다가 버려지는 고양이 　– 물을 갈아 주지 않아 숨 막히는 물고기 　– 아파트 새장에서 살아가는 새 • 그룹별 발표를 보며 이야기 나누기 　– 누구인가요? 　– 왜 이런 선택을 하게 되었나요? 　– 지금의 마음은 어떤가요? 　– 누구에게 어떤 말을 하고 싶은가요?		
반려동물에 관한 내 생각	• 반려동물에 관한 생각을 천으로 표현하기 　– 반려동물은 ＿＿＿＿＿＿＿다. • 소감 나누기		

수업의 모든 실제를 제한된 지면에 담을 수는 없지만, 이 수업 대화 중 일부에는 다음과 같은 내용이 포함되어 있습니다.

> 버려진 개 역할을 맡은 학생 : "제가 아파서 미안해요."
>
> 죽어가는 물고기를 바라보는 주인: "다시는 물고기를 함부로 사지 않을 거예요."

반려동물을 기르는 책임에 대해 교사의 설명을 듣고 이해할 수도 있습니다. 그러나 학생이 직접 개가 되어 보는 것과 개의 주인이 되어 만나는 경험을 통해 느끼고 깨닫는 책임감은 그 무게가 분명 다를 것입니다. 교육연극 수업이 목표로 삼고 있는 것은 삶의 문제를 더욱 생생하게 경험할 수 있게 하는 것입니다. 그리고 학생들이 직접 그 문제에 참여함으로써 자기만의 의미를 구축하고 성장해 나갈 수 있게 돕는 데 있습니다.

4. 인문적 관점에서 교육연극의 새로운 패러다임

1) 미래 교육에서 교육연극이 할 수 있는 일은 무엇일까요?

미래 교육 담론의 중심에는 디지털화된 사회의 변화가 있습니다. AI 교육, 디지털 교과서, 개별 맞춤형 학습 기술이 교실로 들어오고 있지요. 그러나 한편에서는 디지털화의 빠른 전환이 가져올 문제들에 대한 우려의 목소리도 없지 않습니다. 예를 들면, 집중력 저하, 문해력 저하, 소통과 관계 맺기의 어려움 등입니다.

교육연극이 갖는 가장 큰 가치는 다양한 표현 수단의 융합을 통한 고차원적인 소통 능력 강화에 있습니다. 소통의 도구로 언어와 함께 시각, 청각, 신체적 구현양식을 모두 통합하여 사용함으로써 자기의 생각과 감정을 명확하게 표현하고 동시에 타인의 표현을 이해하고 받아들이는 능력을 키우는 것은 단순한 정보 전달을 넘어서서 상호 작용과 문제 해결, 팀워크에 필수적인 능력입니다.

디지털화되어 가는 교실에서 교육연극은 사람과 사람이 어떻게 만날 것인지 배울 수 있는 소통의 경험을 제공합니다.

2) 교육연극은 어떻게 삶의 기술을 다루는 미래 역량을 키울 수 있을까요?

WEF(2020)나 OECD의 '학습나침반 2030' 등은 학습자에게 요구되는 미래 역량으로 리터러시(디지털 포함), 예측하지 못한 사회에 대응하는 창의력과 비판적 사고력, 행동으로 나타나는 시민의식 및 관계성을 제시하고 있습니다(권순정, 2022). 역량은 수학이나 영어 성적 점수처럼 측정할 수 있는 것이 아닌 '삶의 기술'입니다. 이는 교육의 목표와 내용이 학습자가 실제로 경험할 수 있는 것으로 새롭게 구성되어야 한다는 패러다임의 전환을 요구하고 있습니다.

미래 역량과 관련하여 교육연극은 삶의 문제를 다룰 수 있는 핵심 매체라는 점에 주목할 필요가 있습니다. 존중과 배려, 소통과 갈등, 건강한 관계 맺기에서 겪는 어려움과 같은 학교 내 문제는 물론, 기후 위기와 환경 문제, 생태, 비판적 문해력, 다문화, 세계시민 교육과 같은 사회적 이슈야말로 오늘날 우리가 당면한 삶의 문제입니다. 교육연극 수업을 통하여 학생들은 이러한 문제들을 실제로 경험함으로써 해결 방법을 토론하고 논의할 수 있는 삶의 기술을 연습할 수 있습니다.

3) 미래의 교육연극이 AI로 대체될 수 있을까요?

미래 교육은 '학습자 중심 교육'의 중요성을 강조합니다. AI 프로그램을 통하여 개인의 학습을 평가하고 측정하는 개별 맞춤형 교육이 가능해졌습니다. 그러나 측정할 수 있는 학습은 역량의 일부분에 불과합니다. 미래 교육의 핵심역량 즉, 삶의 기술은 대부분 측정이 불가능하기 때문입니다. 우리의 성격이나 열정 공감, 상상력과 사람됨을 측정하기 어려운 것과 마찬가지입니다.

교육연극 수업은 학습자들의 참여로 완성됩니다. 이는 교사와 학생 간의 만남, 학생과 학생과의 만남에 따라 수업의 과정에서 만들어지는 것을 의미합니다. 수업지도안이나 프로그램에 따라 계획된 목표에 도달하는 것이 아니라 학생들의 상상과 참여를 바탕으로 하나의 경험을 창조하는 것이 수업의 핵심입니다. 따라서 교사가 깨어 있는 태도로 학생과 만나는 것이 중요합니다. 만남은 학생 간, 학생-교사 간에 모두 일어납니다.

교사와 예술가와의 만남으로 수업이 더 풍성해지는 예도 있습니다. 최근 문화예술교육 정책 사업의 일환으로 예술강사 파견사업이 활발하게 이루어지는 것과 함께 교육연극 분야에서도 예술강사와 교사가 협력하여 수업을 기획하고 진행하는 사례가 꾸준히 늘어나고 있습니다.

결론적으로, AI가 교육에서 주목 받고 있지만, 교육연극이 제공하는 학생들의 참여와 상호작용, 창의성 발휘와 같은 인간적 요소는

AI로 대체하기 어렵습니다. 따라서 미래 교육에서는 AI와의 협력을 통해 기술적 지원을 받으면서도, 교육연극과 같은 인간 중심의 학습 방법이 더욱 강조될 것입니다.

> • [EBS 육아프라임] 초등학교 때 경험이 아이 사춘기를 좌우한다
>
>

생각 나누기

- 이야기를 읽는 것과 이야기 속의 주인공이 직접 되어 보는 것의 차이를 말해 봅시다.
- 사람과 사람의 만남은 AI와의 만남과 어떤 면에서 다른지 생각해 봅시다.
- 기후 위기나 다문화와 같이 우리 사회의 당면한 과제들을 더욱 직접적으로 느끼고 체험하는 연극 프로그램을 찾아보고 토론해 봅시다.

📁 참고문헌

계보경(2016). 미래 학교 공간의 설계 방향. 교육시설, 23(4), 18-19.

구민정, 권재원(2018). 교과서로 연극하자. 다른.

권경희(2019). 교육연극, 프로젝트 수업을 만나다. 행복한 미래.

권순정(2022). 학교에서 바라보는 미래교육은 무엇인가? 서울교육이슈페이 퍼, 6(41)

권자경 글, 송하완 그림(2012). 가시소년. 리틀씨앤톡.

김병주(2007). 교육연극의 복합성과 교육의 지향점. 교육연극학, Vol. 2, 1-17.

김주연(2018). 국어과 '연극'의 위상 정립: '복합양식성'으로서의 연극. 한국
　　초등교육, 29(3), 79-93.

성남문화재단(2023). 수업 연극으로 피어나다(2023 성남 교육과정연계 교육
　　연극 결과자료집). 성남문화재단, 경기도성남교육지원청.

심상교(2004). 교육연극 연극교육. 연극과 인간.

이동국, 김황, 이은상(2020). 미래교육 촉진자의 역량 도출 및 교육요구도
　　분석. 학습자중심 교과교육연구. 20(9), 1125-1150.

이영희, 윤지현, 홍섭근, 임재일, 백병부(2018). 미래교육 관련 연구 메타분
　　석을 통한 미래 교육의 방향. 교육문화연구, 24(5), 127-153

장연주(2018). 교사를 위한 교육연극의 이론과 실천. 박영story.

정성희(2006). 교육연극의 이해. 연극과 인간.

최지영(2007). 드라마 스페셜리스트가 되자. 연극과 인간.

최지영(2018). '학습으로서의 드라마'에서 '예술로서의 드라마'로 나아가
　　기-티칭아티스트(Teaching Artist)의 개념형성 및 토착화과정을 중
　　심으로. 한국예술연구, 21, 173-196.

황정현(2007). 동화교육의 이론과 실제. 도서출판 박이정.

Courtney, R. (2007). 연극은 지적 행위인가: 교육연극의 인지론적 이해
　　(Drama and intelligence: a cognitive theory). (황정현, 양윤석 역).
　　평민사. (원저는 1990년에 출판).

Courtney, R. (2014). 교육연극 입문: 교육연극의 인지적 배경 (Play, drama
　　and thought: The intellectual background to dramatic education).
　　(김주연, 오판진 역). 연극과 인간. (원저는 1989년에 출판).

OECD (2019). Concept note: Transformative competencies for 2030.
　　OECD.

Rifkin, J. (2010). 공감의 시대 (Empathic civilization: the race to global
　　consciousness in a world in crisis). (이경남 역). 민음사. (원저는
　　2009년에 출판).

World Economic Forum (2020). Schools of the Future: Defining new models of education for the fourth industrial revolution. World Economic Forum.

Zaki, J. (2021). 공감은 지능이다: 신경과학이 밝힌 더 나은 삶을 사는 기술 (*War for kindness: building empathy in a fractured world*). (정지인 역). 심심. (원저는 2019년에 출판).

[사이트]

- 한국민족문화대백과, 한국학중앙연구원-온라인 백과사전 https://encykorea.aks.ac.kr/Article/E0036702
- 문학비평용어사전, 한국문학평론가협회-온라인 백과사전 https://terms.naver.com/entry.naver?docId=1530548&cid=41799&categoryId=41800

인문과 무용

—

탁지현

이 장에서는 무용의 기원과 간략한 역사를 먼저 소개하고, 무용의 인문학적 가치를 알아본다. 이를 토대로 생활 속에서 무용이 어떠한 모습으로 우리와 함께하고 있는지 다양한 사례를 살펴보고, 인문학적 관점에서 무용과 무용 교육이 앞으로 지향해야 할 방향을 모색해 본다. 독자들이 무용을 쉽게 이해하도록 학술적인 접근보다는 인문 교양적 차원에서 사례 중심으로 쉽게 설명하고자 한다.

1. 무용에 대한 이해

1) 여러분은 '무용' 하면 무엇이 가장 먼저 떠오르나요?

'나와 전혀 다른 세상의 사람들이 하는, 내가 범접할 수 없는 분야의 것' '음악에 맞춰 춤추는 것이 무용이지 뭐 특별할 게 있나?' '아름다운 백조들이 무대에서 우아한 날갯짓을 하는 발레' 등 개개인의 무용에 관한 생각은 매우 다양할 것입니다. 우리는 누구나 몸을 움직일 수 있지만 춤을 춘다는 것에 대해서는 어쩌면 특별하게 생각하지 않나 싶습니다. 하지만 우리는 무용, 춤이라는 것이 처음부터 고도로 전문화되어 있었던 것은 아니라는 사실을 알고 있을 것입니다.

2) '무용'이라는 용어는 어떤 뜻일까요?

인간은 세상에 태어나면서부터 왕성한 생명 활동을 합니다. 생명 활동에는 인간의 몸과 이를 통한 다양한 움직임이 연결되어 있습니다. 그리고 이러한 움직임을 통해 우리는 본능적 욕구를 표출하고 자신의 생각을 표현합니다. 이때 인간 마음속의 내적 충동으로 인해 표출되는 자연스러운 몸짓을 바로 '무용(舞踊)'이라 말할 수 있습니다. 무용을 의미하는 '댄스(dance)'는 산스크리트어 '탄하(tanha)'를 어원으로 하는데 이는 '생명의 욕구'를 의미합니다.

3) 무용은 인류의 삶에서 어떻게 시작되었을까요?

무용은 고대부터 인류 문화의 필수적인 부분이었으며, 사회 변화, 문화 교류, 예술적 혁신과 함께 발전해 왔습니다. 그 기원은 초기 인류가 감정을 표현하고 의사소통하며 삶의 다양한 측면을 축하하기 위해 움직임을 사용했던 선사시대 의식으로 거슬러 올라갑니다. 최초의 인간은 무용을 신과 통하는 언어라고 믿었기에 기원과 소망의 상징, 또는 사냥과 다산을 위한 제례나 의식의 수단으로 이용하였죠.

[그림 8–1] 토템 의식을 행하는 시베리아 퉁구스 샤먼(좌),
영화 〈파묘〉(2024)에서 칼춤을 추는 장면(우)

출처: http://www.galleryartkorea.kr/Main/Main.asp?GotoPage=200907/10/12/2009071
    01215&BK_Main=200907
    https://search.naver.com/search.naver?ssc=tab.nx.all&where=nexearch&sm=tab_
    jum&query=%ED%8C%8C%EB%AC%98

고대 문명이 출현하면서 춤은 종교의식, 스토리텔링, 사교 모임, 오락과 얽혔고, 여러 문화와 시대에 걸쳐 다양한 형태와 목적을 형성했습니다. 고대 문명에서는 종교의식, 축제, 연극 공연에서 춤이 중요한 역할을 하였고, 이러한 문화는 종종 신화, 음악, 사회적 관습의 영향을 받아 특정한 춤 형태와 기술을 발전시켰습니다. 한국에서도 고대 제천 의식 속에 음악과 무용이 함께하며 공동체의 춤이 일상화되어 있었습니다. 최근 개봉한 영화 〈파묘〉(2024)에서도 무당 이화림 역을 맡은 김고은 배우가 의식을 행하기 위해 칼춤을 추는 장면이 화제가 되었죠([그림 8-1] 참조). 이러한 춤이 인류의 삶, 종교 의식 등과 얽혀 있는 무용의 모습 중 하나라고 할 수 있습니다.

4) 무용은 어떠한 변화를 거쳐 왔을까요?

서양에서 무용은 유럽의 중세 및 르네상스 시대에 크게 발전하였으며, 이때는 궁중무용, 민속무용, 연극 또는 오페라 속의 발레 등이 두드러지게 나타났습니다. 특히 17세기 무렵 르네상스 시대에는 프랑스의 왕 루이 14세에 의해 우아한 동작과 음악, 정교한 의상이 결합된 발레와 같은 춤 스타일이 형식화되기 시작했습니다([그림 8-2] 참조). 이 당시에는 왕이 자신의 정치적 의중을 드러내는 상징으로 무용 공연을 하기도 하였죠. 오늘날 우리가 접하는 포인트 슈즈를 신고 튀튀를 입은 고전발레(classic ballet)의 모습은 이처럼 르네상스 시대의 귀족들이 즐기던 궁중무용에서부터 점차 발전되어 왔다고 볼 수 있습니다.

> **더 알기** **포인트 슈즈, 튀튀**
> - 포인트 슈즈(point shoes): 석고와 나무를 이용해서 수작업으로 만들며, 발레리나가 발끝으로 서기 위해 신는 슈즈를 말합니다.
> - 튀튀(tutu): 몸에 꼭 맞는 코르셋 형태의 상의와 치마로 이루어진 의상을 말하며, 주로 고전발레에서 사용됩니다.

그 후 서양에서는 20세기경부터 현대무용(modern dance)이 등장하면서 발레가 가지고 있는 신체의 억압에서 벗어나 무용에 다양한 스타일을 포괄하였고, 그 후 전통적인 형식에서 벗어나 실험성과 즉흥성, 그리고 개인의 표현을 수용하는 동시대 무용(contemporary dance)으로 현재까지 변화·발전되고 있습니다.

[그림 8-2] 〈밤의 발레(Le Roi Soleil)〉(1653)에서 태양 역할로 출연한 루이 14세(좌), 그리스 여신의 복장을 하고 춤추는 현대무용의 선구자 이사도라 덩컨(우)

출처: https://ko.wikipedia.org/wiki/%EB%A3%A8%EC%9D%B4_14%EC%84%B8
https://en.wikipedia.org/wiki/Isadora_Duncan#/media/File:Arnold_Genthe_
Isadora_Duncan.jpg

• 발레리노가 알려주는 발레역사_ 프랑스 절대군주 루이14세	• 춤추는 강의실_현대무용의 역사적 흐름

5) 그렇다면 한국의 춤은 어떠한가요?

한국의 춤도 과거 민속무용, 궁중무용, 의식 무용 등의 형태에서 근대 이후 무대 무용이나 신무용의 형태로 발전되어 왔습니다. 오늘날 창작 무용의 영역에서는 한국의 전통춤만 고집하는 것이 아니라, 발레, 현대무용 등과 장르의 경계가 모호해지고 있습니다. 또한 동시대 예술가들은 다양한 형태의 실험적인 작품들을 계속 창작하고 있으며, 더 나아가 전통 무용, 대중 무용, 무술, 서커스 등의 혼용으로 무용은 다양한 표현 양식을 가지며 눈에 띄게 발전하고 있습니다.

6) 예술 무용과 대중 무용은 무엇이 다른가요?

지금까지 이야기는 대부분 관객(감상자)과 무대(무용수)가 구분되는 무대 무용, 즉 예술 무용을 중심으로 이야기하였습니다. 예술 무용은 예술적 표현, 창의성, 기술적 능력을 우선시하며, 따라서 예술 무용수들은 종종 광범위한 훈련을 받고 인간의 감정, 추상적 개념, 사회적 논평과 관련된 주제를 탐구하지요. 발레, 현대무용, 한국무용, 실험적 형태의 창작 무용 등이 대표적인 예술 무용의 형태로, 이러한 예술 무용은 무대, 갤러리 또는 학제 간 협력의 일환으로 공연될 수 있습니다. 그렇다면 감상자와 무용수의 구분이 없는, 그리고 남녀노소 상관없이 누구나가 함께 즐기기 위한 무용을 무엇이라 할까요? 이런 무용을 대중 무용이라고 할 수 있지요.

대중 무용이란 예술 무용과 다르게 감상이 아닌 참여를 전제로 하며, 대중이 폭넓게 행하고 즐기는 춤을 말합니다. 그 예로는 힙합, 재즈 댄스, 탭 댄스, 댄스 스포츠([그림 8-3] 참조), 스트리트 댄스 등이 있습니다. 이러한 대중 무용은 최신 트렌드, 음악 장르, 사회 운동의 영향을 받는 경우가 많고, 사회적 변화, 문화 교류, 청소년 운동 등을 반영할 수 있습니다. 또한 자기표현, 사회적 결속 및 오락의 형태로 작용할 수 있습니다.

대중 무용은 다수의 사람이 예술을 향유할 수 있도록 하기에 긍정적으로 바라볼 수 있으며, 고대의 종교적 기능을 넘어 정치적, 오락적 기능까지 수행할 수 있기에 무용을 유희와 공유의 대상으로도 볼 수 있습니다.

이처럼 역사를 통틀어 무용은 문화 교류, 예술적 혁신, 개인 표현의

[그림 8-3] **댄스 스포츠 중 탱고를 추는 커플**

출처: https://pixabay.com /ko/photos/ %EB%8C%84%EC%8A%A4-%EC %95%84%EB%A5%B4%ED%97 %A8%ED%8B%B0%EB%82%98- %ED%83%B1%EA%B3%A0-%EC%BB% A4%ED%94%8C-661553/

매체 역할을 해 왔으며, 전통과 혁신, 개인의 창의성, 집단의 정체성 등 역동적 상호작용을 반영하면서 다양한 형태와 스타일로 계속 진화하고 있습니다. 무용은 전통 의식, 축하 행사, 예술적 표현과 깊이 얽혀 있는 풍부한 문화를 담고 있으며, 궁중무용의 우아한 몸짓부터 민속무용의 역동적인 리듬까지 문화적 정체성과 사회적 결속을 위해 큰 역할을 하고 있습니다.

2. 무용 교육의 중요성

1) 무용의 교육적 중요성을 알고 싶습니다.

무용은 움직임에 대한 인간의 본능적 욕구로 발생하였지만, 교육과 훈련을 통해 전수되는 예술 활동이기도 합니다. 보편적으로 교육은 인간을 더 성숙한 인간으로 만드는 '이상적인 인간상'을 목표로 하지요. 무용은 인간의 신체적 발달과 더불어 심리적 · 정신적 발달을 조화롭게 도모할 수 있는 교육적 가치가 있습니다. 즉, 무용의 창작과 읽기(literacy)를 경험하는 과정에서 인간의 지적 발달과 함께 정서적 · 사회적 · 신체적 발달에 이바지한다고 볼 수 있지요.

이처럼 무용 교육은 단순한 신체 운동 그 이상입니다. 왜냐하면, 개인의 성장을 위한 전체성(totality)에 이바지하기 때문입니다. 무용 활동은 체력뿐 아니라 감정 표현, 인지 능력, 집중력, 문제 해결 능력, 자존감, 대인 관계, 사회적 기술 등에 긍정적인 영향을 미칩니다. 이러한 사실은 이미 국내외 여러 연구를 통해 검증된 바 있습니다. 무용이 인간의 신체 발달에 영향을 끼친다는 생각을 초월하여 전반적인 삶의 웰빙(well-being)을 이루는 데 큰 역할을 한다는 것을 알아야 합니다.

2) 학교에서 무용 교육이 어떻게 운영되고 있습니까?

오늘날 이러한 교육적 가치를 지닌 무용을 학교 교육과정 안에서 접할 수 있으며, 이에 따라 다양한 교육 방법론도 개발되고 있습니다. 초등학교 1~2학년은 통합교과 중 '즐거운 생활' 영역에서, 초등학교 3~6학년과 중 · 고등학교에서는 체육 교과의 '표현' 단원에서 무용 관련 활동을 다루고 있습니다. 또한, 2025년부터는 고교학점제가 시행되면서 〈표 8-1〉의 내용처럼 고등학교 진로 · 융합 선택교과에 8개의 무용 관련 교과목이 만들어질 예정입니다(교육부, 2022). 이 외에도 학생들은 동아리와 창의적 체험활동 시간 등을 통해 공교육 안에서 무용을 경험하고 있습니다.

〈표 8-1〉 2022 개정 교육과정 기반 고등학교 선택교과 중 무용 교과목

진로 선택	무용의 이해, 무용과 몸, 무용 기초 실기, 무용 전공 실기, 안무, 무용 제작 실습, 무용 감상과 비평
융합 선택	무용과 매체

[그림 8-4] 수업 시간에 무용 표현 활동을 하는 초등학생들

출처: 저자 제공.

3) 전인교육으로서의 무용 교육을 어떻게 바라보아야 할까요?

20세기 문화에서의 무용이 고도의 기술과 숙련도, 그리고 규범적인 동작을 강조하는 예술로서의 무대 무용이었다면, 21세기 문화에서의 무용은 사회의 반영이자 변화의 촉매제로서, 예술의 질이라는 개

넘보다는 정치적·성적·민족적·사회적 형평성 등을 먼저 고려하여 무용의 즐길 권리를 주장합니다. 또한, 매우 빠르게 변화하는 시대의 흐름 속에서 다음 세대에게 온전한 의미의 참살이를 이루어 주기 위해서는 교육의 변혁과 지속가능한 가치들을 성찰하는 가운데 전인교육적인 측면에서 무용을 적극적으로 활용할 필요성이 있다고 생각합니다. 동시대의 무용 체험은 단순한 생존을 위한 역량 습득이 아닌 존재론적 관점에서 의미 있는 실존을 위한 실행(doing)의 과정입니다. 무용을 통해 자신과 타인의 연결을 느끼고, 확장적 자아를 가질 수 있으며, 또한 상호 간 소통의 연결과 확장을 바탕으로 나의 삶을 둘러싼 문제를 예술적으로 사고하는 몸(thinking body)을 통해 해결하는 것이 전인적 무용 교육의 가치라 할 수 있습니다(탁지현, 2024).

4) 우리 삶의 일부로서 무용 교육의 비전은 무엇일까요?

무용 교육은 개인의 성장, 사회적 결속 및 문화 보존을 위한 촉매제로 무용의 잠재력을 최대한 발휘할 수 있도록 합니다. 또한 문화적 격차를 줄이고 문화 간의 이해를 도모하는 데 있어서 무용의 역할이 중요하다는 것을 알아야 합니다. 그 어느 때보다도 문화 교류가 활발하고 세계화되어 가는 시대에 무용은 언어와 문화의 장벽을 뛰어넘는 보편적 언어 수단으로 역할을 하고 있습니다. 무용 교육을 통해서 한국은 국제무대에서 문화 대사로 자리매김하고 풍부한 유산을 세계와 공유하는 동시에 다른 문화의 다양한 무용 형식을 포용할 수 있습니다. 이를 위해서는 어린 나이에서부터 무용을 친숙하게 경험하고, 무용을 삶의 일부로서 자연스럽게 누릴 기회를 많이 제공해 주어야 합니다.

3. 무용의 인문학적 가치

1) 무용은 개인에게 어떠한 의미가 있을까요?

무용은 개인에게 깊은 이익을 주는 다양한 인문학적 가치를 제공합니다. 근본적으로 춤은 자기표현을 촉진하여 사람들이 말로 표현하기 어려운 감정, 생각, 경험을 전달할 수 있게 해 줍니다. 이러한 자기표현은 자기 주도성과 자아 정체성을 형성하며, 자신과의 세상에서 자신의 위치에 대한 더 깊은 이해로 이어질 수 있습니다.

더욱이, 춤은 체력을 증진하고 스트레스, 불안 및 기타 정서적 문제에 대한 배출구 역할을 할 수 있습니다. 즉, 자신의 신체를 통한 움직임 창발의 과정에서 사람들로 하여금 종종 일상의 억압 또는 스트레스에서 벗어나 자신의 신체와 긍정적인 방식으로 연결되도록 도와줍니다. 이러한 환경 속에서 개인은 움직임을 통해 고유한 자아를 발견하고 세상에 대한 자신의 존재를 발산하게 되는 것이지요.

2) 무용은 인간관계와 소통에 어떤 영향을 미칠까요?

무용은 의사소통의 한 수단으로 감정을 일으키고 전달함으로써 문화, 사회, 언어적 경계를 초월하여 다양한 배경을 가진 사람들 간의 공감과 이해를 촉진하는 독특한 성격을 지니고 있습니다. 무용수는 자기 경험과 감정 그리고 서사를 단 하나뿐인 자기의 신체로 구현하고 전달함으로써 관객을 자기 세계로 들어오도록 초대하여 사회적, 문화적, 언어적 분리를 초월하는 관계를 형성합니다. 그리고

무용은 초연결되어 가는 세계에서 문화 교류의 교두보 역할을 하며
지리적·이념적 경계를 초월하여 대화와 교류를 촉진합니다. 동시
대의 무용 양식은 전통적 스타일뿐만 아니라, 현대적인 요소를 융합
하여 변화·발전해 가면서 국제화된 사회 안에서 문화의 다양성과
역동성을 발휘합니다. 우리는 다양한 춤의 전통을 수용하고 존중함
으로써 문화적 차이에 대하여 보다 깊이 이해하고, 또한 전 세계의
커뮤니티와 더 큰 소통을 할 수 있습니다.

3) 무용에는 민족의 정신을 하나로 응집시키는 힘이 있나요?

[그림 8-5] 한국 전통 민속무용 강강술래(좌),
다리 위에서 플래시 몹을 하는 스페인 사람들(우)

출처: https://heritage.unesco.or.kr/%EA%B0%95%EA%B0%95%EC%88%A0%EB%
9E%98/(좌), https://en.wikipedia.org/wiki/Flash_mob(우)

무용은 사람들을 하나로 모으는 힘이 있습니다. 무용은 우정, 연
대, 공동의 목표를 위해 결속력을 강하게 해 주는 힘이 있습니다. 전
통 민속무용부터 현대적인 플래시 몹(flash mob)에 이르기까지 무용
은 소속감과 공동체 결속감을 형성하여 집단적 표현과 축하에 참여
하는 사람들을 단결시킵니다. 사회적 분열이 점점 더 심해지는 현
시대에 무용은 더욱 강하고 견고한 공동체를 형성하는 데 도움을 줍
니다.

4. 생활 속의 무용

1) 현재 무용은 우리에게 어떤 모습으로 존재할까요?

무용은 우리의 삶 속에서 예술적 · 교육적 · 오락적 · 치료적 의미를 지닙니다. 우리는 무용이 예술의 한 영역이라고 당연하게 생각합니다. 그 까닭은 역사적 기원으로 거슬러 올라가 보았을 때 원래 예술이란 음악, 회화, 무용, 문학, 조각 등을 분리하지 않은 통합된 양식을 취하고 있었기 때문입니다. 예술이란 본질적으로 커뮤니케이션이자 정보이며, 지식과 감정이 동반된 미학입니다. 따라서 우리는 예술의 한 영역인 무용을 통해 의사를 전달하고 창작과 감상을 통해서 고차원적인 정신을 지닌 세련된 사람으로의 품위 있는 삶을 살게 됩니다.

무용은 몸을 도구로 하는 고유한 예술 장르로서 인간의 본능적 욕구인 움직임과 표현에 대한 욕구를 만족시켜 주는 유일한 예술 형태입니다. 20세기 대중의 시대를 맞이하여 무용에 대한 감상 능력과 참여층이 분명해지고 또한 창작자의 목적도 다양해졌습니다. 이러한 과정에서 일반 시민들은 생활 속에서 사교나 오락을 목적으로 춤을 추고 즐기면서 하나의 대중문화를 형성하고 있으며, 동시대의 무용은 이러한 참여의 경향을 더욱더 강하게 드러내고 있습니다.

2) 무용에 참여하는 사람들은 어떤 사람들일까요?

앞서 언급한 바와 같이, 현재 학교의 교육과정 안에서 저학년의 통합교과, 체육교과 내의 표현 활동, 창의적 체험활동, 방과 후 활동,

늘봄학교 등을 통해 무용 교육이 활발히 이루어지고 있습니다. 이 과정에서는 창작 무용뿐만 아니라 다양한 나라의 민속무용과 여러 범위의 대중 무용까지 다양한 활동들이 제공되어 학생들이 무용을 접할 기회가 과거보다 많이 주어졌지만, 한 가지 아쉬운 것은 지속성이 낮다는 것입니다.

최근에는 학교 교육뿐만 아니라, 사회에서 〈댄싱9〉, 〈스트릿 우먼 파이터〉, 〈스테이지 파이터〉 등의 방송 프로그램과 〈나빌레라〉와 같은 드라마 등을 통해 무용의 대중화와 친근감이 형성되고 있습니다. 비전문가들도 문화예술로서 무용을 거부감 없이 접하고 행하는 경우가 많아졌습니다. 무용학원에서는 성인 발레 수업이나 한국무용 수업 등의 수요가 폭발적으로 상승하고, 지속적인 훈련을 통해 전문가 못지않은 실력으로 무용 콩쿠르나 공연에 참여하는 비전문가들을 어렵지 않게 만날 수 있습니다. 이처럼 우리는 문화예술로서 무용을 누리고자 하는 욕구가 많이 증가한 것을 확인할 수 있습니다.

[그림 8-6] 〈스트릿 우먼 파이터2〉의 방송장면

출처: https://www.sisajournal.com/news/articleView.html?idxno=266534

[그림 8-7] 춤을 추는 누구나 참여할 수 있는 대한무용협회의 '네 마리 백조 페스티벌- 춤추는 릴스완'(좌), 물리학자가 발레를 배우며 물리학의 관점에서 발레를 풀어낸 책(우)

출처: https://sdf1979.koreadanceassociation.org/notice/read/57?p=1(좌)
https://search.shopping.naver.com/book/catalog(우)

3) 커뮤니티 댄스란 무엇인가요?

사람들은 무용 활동을 통해 타인과 협력, 교류하는 경험을 갖게 되며, 하나의 목표를 향해 각자의 개성을 유지하는 동시에 집단의 조화를 창조하며 사회에 적응해 나가기도 합니다. 2010년 이후 한국에서도 무용을 통해 공동체와 지역사회의 결속력과 정체성에 이바지한 커뮤니티 댄스(community dance)의 형태가 확산하기 시작했습니다. 커뮤니티 댄스란 사회적 공통분모를 지닌 다양한 사람이 무용의 제작과정에 직접 참여하고 정체성을 표현하면서 삶에 즐거움을 얻는 춤 활동입니다(네이버 국어사전, 2024. 4. 30. 검색).

커뮤니티 댄스는 평생교육의 사회학습으로서 확장되고 있으며,

전문가가 일반인을 대상으로 진행하는 자발적 공동체 모임 형태로 발전하고 있습니다(박소정, 2020). 커뮤니티 댄스는 신체, 나이, 언어 등에서 소외된 사람들을 포함하여 인종 차별, 환경, 인간의 권리 등과 같은 사회적 문제에 관여하면서 복지적 기능으로 작용합니다. 이로써 개인의 일상생활을 풍요롭게 하며, 또한 사회적으로 공동체 의식을 높여 밝은 사회를 만들고, 개인의 건강 증진과 미적 교육의 목표를 이루는 신체활동의 총체라고 할 수 있습니다. 즉, 커뮤니티 댄스는 예술적 질을 추구하는 공연 무용과 달리, 참여하는 데 큰 의미를 두고 함께 경험함으로써 사회적 형평성을 추구하는 참여 무용이라 할 수 있습니다.

4) 무용이 치료의 목적으로 사용되기도 하나요?

무용 교육의 대상과 방법이 전문화되고 세분되면서 무용은 인간 치료의 한 방법으로도 이용되고 있습니다. 이는 고대의 종교적 의미에서 병을 치료하기 위해 추는 춤이나, 샤먼들이 추던 춤에서 그 원형을 찾아볼 수 있습니다. 20세기 초 정신분석학이 발달하면서 예술적 표현이 인간 내면의 의식과 무의식에 긍정적 영향을 준다는 것을 인식한 후에 음악 치료, 미술 치료, 무용 치료 등이 지속해서 발전해 왔습니다.

댄스 테라피(dance therapy)는 1940년대에 시작되어 1960년대 중반 이후 미국에서 성행하였습니다. 커뮤니티 댄스가 공동체를 기본으로 한다면, 댄스 테라피는 개인을 기본으로 합니다. 치료적 의미로서의 무용은 인간이 지적·정서적·사회적·신체적으로 균형 잡힌 발달을 이루며 건강한 사회생활을 하는 데 도움을 줍니다. 최근

에는 댄스 테라피의 교육 목표 아래에서 다양한 방법론과 프로그램
이 개발되고 있습니다.

[그림 8-8] **파킨슨 환우들을 위한 무용 치료 프로그램 'Dance for PD' 수업 장면**
출처: https://n.news.naver.com/mnews/article/353/0000039958

더 알기 **댄스 테라피 프로그램의 종류**

한국댄스테라피협회(KDTA)의 '무용동작/심리치료', 미국 마크모리스 댄
스그룹에서 개발하여 한국의 (재)전문무용수지원센터(DCDC)에서 시행
하는 '댄스포피디(dance for PD)', 이 외에도 알렉산더 테크닉(Alexander
technique), 팰든크라이스 메소드(Feldenkrais method), 바르테니에프 기
초원리(Bartenieff fundamentals), 이데오키네시스(ideokinesis), 필라테스
(pilates), 그리고 최근에는 다양한 소메틱(somatic) 테크닉 등이 몸의 움직
임을 활용한 심신의 치료/치유 프로그램으로 기관, 병원 등의 현장에서 이
루어지고 있습니다.

5) 댄스 테라피와 커뮤니티 댄스의 궁극적인 목표는 무엇인 가요?

댄스 테라피는 문제가 되는 심리의 치료를 목표로 한다면, 커뮤니티 댄스는 정상적인 삶을 살아가고 있는 사람들이 '나와 너' 그리고 공동체에 대한 탐색을 통해 행복한 생활을 영위하도록 해 주는 것을 목표로 합니다.

5. 인문 소양을 위한 무용 교육의 새로운 패러다임

1) AI와 공존하는 뉴노멀 시대에 무용 예술은 어떠한 변화를 맞이하고 있나요?

4차 산업혁명 시대에 영상 기법, 컴퓨터 그래픽, 모션 캡처, 사이버 공간 활동 등의 디지털 매체 기술은 무용 분야의 지형을 지속해서 바꾸고 있으며, 안무·공연·관객의 형태에서 새로운 가능성이 끊임없이 나타나고 있습니다. 21세기의 무용은 그 형식과 전달 방법에 있어서 전통적 접근이 아닌 새로운 매체와의 융합을 다양하게 시도하고 있으며, 특히 미디어와의 접목을 통해 극장 예술에 제한되지 않고 더 많은 관객에게 쉽게 다가갈 수 있게 되었습니다. 스크린을 이용한 댄스 필름(dance film), 그리고 컴퓨터를 이용한 가상현실 등이 무용의 새로운 공간으로 이용되고 있으며, 다양한 매체와 네트워크 기술을 통해 무용이 유통되고 있습니다. 무대를 통해 관객과 소통하는 무용가들도 최근에는 증강현실 등을 활용하여 작품을 실연

하는 등 공간의 가능성을 확장하기도 합니다([그림 8-9] 참조).

[그림 8-9] 에두아르 록의 댄스 필름 〈아멜리아(Amelia)〉(좌),
3D 영상 기술을 활용한 무라드 메르조키의 〈픽셀(Pixel)〉(우)

출처: https://www.pinterest.es/pin/128071183126314612/(좌),
https://kafig.com/Pixel-1975927?lang=fr(우)

• La La La Human Steps_Amelia

• PIXEL_Création2014_Compagnie Käfig

사람들은 방송 등 대중 매체를 통해서 생활공간에서도 무용을 향유하고, 영화, 광고 등에서도 무용이 하나의 콘텐츠로 유통되고 있습니다([그림 8-10] 참조). 더욱이 개인 컴퓨터와 스마트폰이 일상화되면서 온라인 공간에서는 누구나 감상자로서 그리고 생산자로서 무용 예술에 참여하고 있습니다. 스마트폰으로 자기 모습을 촬영하고 SNS를 통해 공유하며, 각자의 방식으로 무용을 체화하고 소통하는 것을 우리는 쉽게 발견할 수 있습니다.

동시대의 무용은 이처럼 세계에서 벌어지고 공유되는 것 중 하나가 되었으며 실재와 가상을 막론하고 모든 공간에서 기술과 융합되어 소통, 체험, 관람하는 콘텐츠로 그 범위를 확장하고 있습니다. 이

[그림 8–10] **무용가 피나 바우쉬에 대한 다큐멘터리 영화 〈피나(Pina)〉(좌),
무용을 활용한 한국관광공사의 광고 〈한국의 리듬을 느끼세요–부산편〉(우)**

출처: https://www.yes24.com/Product/Goods/7542356(좌)
https://n.news.naver.com/mnews/article/001/0011870193(우)

와 더불어 우리는 전통 무용 형식의 보존, 디지털 공연의 진정성, 가
상공간이 무용의 체화에 미치는 영향, 그리고 무엇보다도 자유롭게
유통되는 무용 콘텐츠의 저작권 윤리 등의 문제에 대해서도 깊이 고
민해 보아야 하는 시점에 있습니다.

2) 무용 현장에서는 인문학의 관점에서 어떤 고민을 하고 있나요?

현시대의 가장 큰 이슈는 무엇보다도 급변하는 환경에서 살아가
야 할 인류의 공존과 지속가능성에 대한 문제입니다. 전 세계적으로
기후 위기에 대한 인식이 높아짐에 따라 무용 제작 및 공연도 환경
에 미치는 영향에 대하여 큰 관심을 보이고 있습니다. 여기에는 에
너지 소비, 배출 가스, 의상 및 세트 디자인의 재료 사용, 폐기물 관
리 등에 관한 고려 사항 등이 포함됩니다.

이러한 시대적 담론을 표출한 한 예로, 호주 시드니 오페라 하우
스는 지역사회와 생태까지 확장된 관점에서 탄소 배출을 줄이기 위

해 어떤 노력을 할 수 있는지를 렉스 온 더 월(Legs On The Wall)의 작품 〈해빙(THAW)〉을 통해 선보였습니다([그림 8-11] 참조). 공연은 정오부터 저녁 8시 30분까지 장장 8시간 반 동안 진행되었는데, 얼어붙은 세계에서 고립된 한 여성이 자신을 보호하기 위해 고군분투하며 '공중의 얼음은 얼마나 오래 지속될 수 있을까?' '세계의 시스템이 붕괴하기까지는 얼마나 남은 것일까?'와 같이 우리가 직면하고 있는 현재와 미래의 질문들을 성찰할 수 있는 기회를 제공했습니다(http://choomin.sfac.or.kr/zoom/zoom_list.asp?type=OUT). 최근에는 커뮤니티 댄스 또는 댄스 퍼포먼스의 일환으로 쓰레기 줍기 등 환경적 실천을 무용 작품으로 승화하는 '그린댄스(플로깅plogging 댄스)' 등의 활동도 많이 이루어지고 있습니다(https://blog.naver.com/aci2013/223303229559).

[그림 8-11] 렉스 온 더 월(Legs On The Wall)의 공연 〈해빙(THAW)〉
출처: https://www.legsonthewall.com.au/thaw/gallery

또한, 무용계는 인류 공존의 관점에서 시민들이 무용 교육, 연습, 공연에 쉽게 접근할 수 있도록 지속적인 관심을 보이고 있습니다. 여기에서는 소외된 사람들이 공간에 물리적으로 접근할 수 있게 만들거나, 공연에 대한 수화 통역 또는 오디오 설명을 제공하고, 포괄적인 댄스 수업과 워크숍 등을 제공하는 것이 포함됩니다. 참여 장벽을 해소하고 다양한 대중을 환영하는 환경을 조성하는 것은 예술의 한 형태로서 무용의 지속적인 성장과 타당성을 위해 필수적입니다.

3) 인문학의 관점에서 무용 교육이 앞으로 지향해야 할 방향은 무엇일까요?

학교와 사회 속에서 진행되고 있는 무용 교육의 실천적 체험과 미적 경험이 우리의 삶과 결부되기 위해서는 사회적 · 세계적으로 드러나고 있는 공동의 과제, 예를 들면 기후 위기, 다문화, 세계시민, 소외된 사람들, 폭력과 중독 등의 주제들을 다룰 필요가 있습니다. 예술은 우리와 동떨어진 환상적 · 비현실적 세계의 아름다움만을 다루는 고상한 것이 아니라, 삶의 과정 안에 있는 주제들을 심도 있게 들여다볼 수 있는 기회를 제공해야 합니다. 즉, 학교에서의 무용 교육이 예체능 교과의 수단으로만 사용되는 것이 아니라, 내 삶의 문제들과 연계된 주제들을 자기주도적 방법으로 고민하고, 예술적 사유와 체화를 통해 자신의 실존적 존재를 인식하며 외부 세계와 소통할 수 있는 능력을 키우는 무용 교육이 되어야 한다는 것입니다(탁지현, 2022). 이를 위해서는 다양하고 포괄적인 접근과 유연한 방법을 통해 문화 간의 이해와 존중, 사회 통합, 충돌 예방, 예술을 통한 여론 조성 및 회복 등 사회적 지식과 인식을 사고하고 성찰하는 지속적인 기회를 제공하는 무용 교육이 되어야 합니다. 또한 학습자 스스로가 선경험과 선지식을 활용하여 성찰하고 예술적 사고를 동반하는 과정 중심의 실천과 평가 체제를 동반해야 합니다(탁지현, 2024).

　　우리가 살아가는 사회는 오랜 시간을 두고 형성된 문화가 전승되고 또한 동시대적이고 개별적인 소통이 함께합니다. 따라서 무용과 타 예술 그리고 과학·문학·역사·철학 등 타 분야와의 학제 간 연관성에 대한 논의와 더불어, 춤이 어떻게 비판적 사고, 문화 분석, 사회 정의 활동을 위한 도구로 사용될 수 있는지도 함께 고민해야 할 것입니다. 오늘의 나의 행위가 이 세계의 미래가 된다는 생태주의적 사고를 바탕으로 동시대 무용 교육이 바람직하게 이루어져야 할 것입니다.

생각 나누기

- 내 삶에서 어떠한 종류의 무용을 어떠한 방식으로 경험했는지 서로 토론해 봅시다.
- 공연장에서 보는 무용 작품과 영상으로 보는 무용 작품의 차이점을 설명해 봅시다.
- 소셜 미디어에서 생산, 유통, 소비하고 있는 무용을 찾아보고, 그 콘텐츠들의 의미와 성격, 콘텐츠에 대한 내 생각을 인문학적 관점에서 이야기해 봅시다.

참고문헌

교육부(2022). 예술 계열 선택 과목 교육과정.

김복희, 김화숙(2003). 무용론. (주)보진재.

김화숙, 전혜리, 한혜리, 오레지나(2012). 커뮤니티 댄스. 한학문화.

김화숙, 한혜리(1999). 교양수업을 위한 무용의 이해. 한학문화.

무용교육발전추진위원회(2010). 무용교육의 힘. 댄스뷰.

박소정(2020). 한국 커뮤니티 댄스의 효과와 역할. 트랜스-, 9, 37-66.

탁지현(2022). 2022 개정 교육과정 시행에 따른 학교무용교육의 변화와 과
　　　제. 한국무용교육학회지, 33(4), 21-40.

탁지현(2024). 전인교육에서 무용의 기능 변화. 한국무용교육학회지, 35(1),
　　　5-19.

Sacha, C. (2024). 세계무용사 (*Weltgeschichte des Tanzes*). (김매자 역).
　　　지식공작소. (원서는 1963년에 출판).

[사이트]

- [상설기획: 지속가능한 극장] 지역 사회 안에서 지속가능성의 영감의 원
  천이며 행동의 주체인, 시드니 오페라 하우스 http://choomin.sfac.
  or.kr/zoom/zoom_view.asp?zom_idx=802&div=01&type=OUT
- 네이버 국어사전 커뮤니티 댄스 https://ko.dict.naver.com/#/entry/kok
  o/9e6005b7053a4e378800dde5b972e69a
- 모순되고 터무니없는, 그러나 온전히 교감하는 https://blog.naver.
  com/aci2013/223303229559

[사진 출처]

- http://www.galleryartkorea.kr/Main/Main.asp?GotoPage=200907/10/
  12/200907101215&BK_Main=200907
- https://en.wikipedia.org/wiki/Flash_mob
- https://en.wikipedia.org/wiki/Isadora_Duncan#/media/File:Arnold_
  Genthe_Isadora_Duncan.jpg
- https://heritage.unesco.or.kr/%EA%B0%95%EA%B0%95%EC%88%A0
  %EB%9E%98/
- https://kafig.com/Pixel-1975927?lang=fr
- https://ko.wikipedia.org/wiki/%EB%A3%A8%EC%9D%B4_14%EC%84
  %B8

- https://n.news.naver.com/mnews/article/001/0011870193
- https://n.news.naver.com/mnews/article/353/0000039958
- https://pixabay.com/ko/photos/%EB%8C%84%EC%8A%A4-%EC%95%84%EB%A5%B4%ED%97%A8%ED%8B%B0%EB%82%98-%ED%83%B1%EA%B3%A0-%EC%BB%A4%ED%94%8C-661553/
- https://sdf1979.koreadanceassociation.org/notice/read/57?p=1
- https://search.naver.com/search.naver?ssc=tab.nx.all&where=nexearch&sm=tab_jum&query=%ED%8C%8C%EB%AC%98
- https://search.shopping.naver.com/book/catalog
- https://www.legsonthewall.com.au/thaw/gallery
- https://www.pinterest.es/pin/128071183126314612
- https://www.sisajournal.com/news/articleView.html?idxno=266534
- https://www.yes24.com/Product/Goods/7542356

인문과 디자인

—

현은령

이 장에서는 먼저 디자인의 개념을 알아보고, 디자인의 인문학적 가치를 논한다. 이를 토대로 현재 우리 생활 속에서 디자인이 어떻게 활용되고 있는지 다양한 사례들을 통해 살펴보고, 미래에 디자인교육이 지향하여야 할 방향을 인문학적 관점에서 제시한다. 남녀노소 모두가 디자인을 보다 쉽게 이해하도록 학술적 접근보다는 생활 속에서의 디자인 활동을 중심으로 풀어나가고자 한다.

1. 디자인의 개념 이해

1) '디자인'과 '미술'의 차이점은 무엇일까요?

우리는 흔히 디자인과 미술을 같은 것으로 생각합니다. 원래 미술(美術, art)이란 '아름다움을 재현하거나 표현하는 것을 목표로 하는 여러 가지 재주'를 의미하는 것으로, 프랑스어 보자르(beaux arts)를 번역한 말입니다. 넓은 의미로는 시각적이고 청각적 혹은 말로 나타낸 형상이나 상징에 의한 모든 미적 표현을 미술이라고 말합니다. 이러한 미술은 시대가 변하면서 순수미술(fine art)과 응용미술(applied art)로 나뉘게 됩니다. 이 중 순수미술은 쓰임새보다는 심미성, 즉 작가의 표현 의지와 표현 방법 등에 더 가치를 두는 경향이 강합니다. 반면 응용미술은 심미성보다는 쓰임새 즉, 기능성에 더 가치를 두는 경향이 강합니다. '계획하다'라는 의미의 디자인(design)은 이 두 가지 미술 중 응용미술을 의미합니다. 1960년대에 생겨나기 시작한 우리나라 대학의 디자인 전공 관련 학과의 명칭들도 당시에는 대부분 '응용미술학과'라고 칭하고 있었습니다. 하지만 이러한 명칭은 1980년대 들어 영어 사용이 늘어나면서 디자인과로 변경되었습니다. 종합해 보면 '미술(art)=순수미술(fine art)+[응용미술=디자인(applied art=design)]'이라고 정리할 수 있겠네요.

2) '디자인'에서 중요하게 다루는 것은 무엇일까요?

그동안 디자이너들은 '심미성'과 '기능성', 이 두 가지 측면에서 어떤 것을 더 중요하게 생각할지 고민하였습니다. 즉, '아름답게 만들 것인가?' '쓸모 있게 만들 것인가?'에 대한 고민이죠.

이 중 심미성(審美性)은 인간의 사고와 생활을 풍요롭게 하는 조건의 하나로서 비용이 들더라도 아름답게 만들어 만족감을 높이는 것입니다. 과거에 왕이나 귀족을 위한 건축물, 조각, 회화, 공예 등에서 중요하게 다루어졌습니다. 반면에 기능성(機能性)은 생김새보다는 쓰임새에 중점을 두는 것으로서, 경제성, 실용성, 합목적성 등의 의미를 포함합니다. 일반적으로 기능성을 중요하게 여기는 디자이너는 아름답게 만드는 것보다는 쓸모 있게 만드는 것에 더 가치를 둡니다. 감정에 끌리는 것을 배제하고 최소의 경비로 최대의 효과가 있는 디자인을 선호하는 것이죠.

최근 들어 디자이너들에게는 이러한 두 가지 고민 이외에도 '윤리성(倫理性)'이라는 고민이 하나 더 더해졌습니다. 윤리성은 당장 비용이 많이 들고 불편하더라도 사람으로서 마땅히 행하여야 할 행동이나 규범을 강조하는 것입니다. 디자인의 윤리성은 2000년대 들어 환경이 파괴되고 사회 계층 간 격차가 심화함에 따라 디자인의 환경적, 인간적, 사회적 책임감을 강조하는 측면에서 등장한 개념입니다.

심미성과 기능성, 그리고 윤리성 하나만 디자인에 포함된 경우는 거의 없습니다. 따라서 디자인의 이 세 가지 고민 중 어떤 것을 최우선으로 둘 것인가에 대한 선택은 디자이너와 사용자에게 달려 있습니다. 여러분은 이런 세 가지 디자인의 고민 중 어떤 것이 더 중요하게 다루어져야 한다고 생각하나요?

3) '디자인'으로 특정 짓게 하는 중요한 요소는 무엇일까요?

일반적으로 디자인은 목적에 의해 쓸모 있게 만들어진 제품이나 상품, 서비스 등을 의미합니다. 그렇다면 원시인이 막아놓은 '동굴 입구 나무 가림막'은 디자인일까요? "곰이 들어오면 안 되니까 막아놔야지" "돌이 너무 무거우니, 나무로 막아놔야겠다." 등 원시인도 자신과 가족을 지키기 위해 안전과 보호라는 나름의 목적 아래 동굴 입구에 나무 가림막을 설치하였을 것입니다. 즉, 문제를 인식하고 해결하고자 하는 표현의 출발에서 본다면 이것은 충분히 디자인의 성격을 띠고 있습니다.

하지만 현대적 개념의 디자인을 논할 때 가장 중요한 요소인 '규격화' '기계화' '대량화'의 측면에서 본다면 이 '동굴 입구 나무 가림막'은 디자인이라 보기 어렵습니다. 왜냐하면 규격화된 포맷으로 기계로 제작되어 대량화될 수 있을 때 현대적 개념의 디자인이라 볼 수 있는데 그렇지 못하기 때문이죠. 최근 들어 3D프린터가 등장하면서 대량화의 특성은 다소 약해졌습니다. 하지만 언제든지 대량화가 될 수 있는 포맷으로 저장되어야 하는 규격화의 특징은 더욱 강해졌습니다.

종합해서 다시 정리하면, 도공이 손으로 빚어낸 그릇은 우리는 순수미술인 공예라 여깁니다. 하지만 공장에서 만들어진 식기는 우리는 디자인 제품이라 여기지요. 즉, 현대적 디자인은 '규격화' '기계화' '대량화'의 요소를 만족시킬 때 완성됩니다.

4) '디자인'과 '미술'은 어떻게 구분할 수 있나요?

디자인은 상업적 목적에 의해 제작되는 것이고 순수미술은 순수한 작가의 마음 표현이라는 편견이 있습니다. 하지만 우리 주변을 둘러보면 상업적 목적에 의해 탄생하지 않은 많은 디자인을 발견할 수 있어요. 대표적으로 오타 유키오(Yukio)의 〈비상구 픽토그램〉(1982)이 있습니다. 이 픽토그램은 1973년 일본 구마모토현의 다이요(大洋) 백화점에서 화재가 일어났을 때 비상구의 유도등이 작고 '비상구(非常口)'가 한자로 작게 적혀 있어 이를 인식하지 못한 많은 사람이 다치고 죽은 것을 계기로 제작되었습니다([그림 9-1] 참조).

[그림 9-1] 〈비상구 픽토그램〉(오타 유키오, 1982)

이 백화점 화재 후에 일본 정부는 소방법을 개정해 유도등을 크게 만들고, '비상구'의 문자도 멀리서 잘 보이도록 명조체로 디자인하였습니다. 하지만 디자인이 부자연스럽다는 불만이 크게 제기되었죠. 초기 '비상구' 디자인에 대한 이러한 비판으로 인해 일본 정부는 1979년 3,300여 명이 응모한 디자인 가운데 오타 유키오 교수가 제안한 작품을 선정하였습니다. 이후 이 픽토그램은 1987년 국제표준화기구(ISO)에 의해 공식 비상구 디자인으로 채택된 후 현재까지 전 세계에서 사용되고 있답니다.

즉, 디자인은 돈을 벌 목적이냐 아니냐가 중요한 것이 아니라, 표현의 출발이 문제를 인식하고 이를 해결하는 목적에 의해 시작된 것인지가 디자인으로 구분되게 하는 큰 특징입니다. 또한 표현 결과물이 감정보다는 사용자의 이해를 통해 평가된다는 특징이 있습니다. 이러한 디자인이 순수미술과 구분되는 큰 특징을 표현의 출발, 감상의 중심, 제작 형태, 평가자의 측면에서 구분 지어 보면 다음 〈표 9-1〉과 같이 정리할 수 있습니다.

〈표 9-1〉 **순수미술과 디자인의 구분**

구분	순수미술(fine Art)	디자인(design)
표현의 출발	작가 의도 중심	문제 인식 및 해결 중심
감상의 중심	해석(감정 전달)	이해(메시지 전달)
제작 형태	주관적 조형 언어(오브제) 활용	기계화/대량화/규격화
평가자	있어도 되고 없어도 됨	소비자/사용자

5) '디자인'은 왜 공부해야 하나요?

디자인은 흔히 여러 사람이 색에서 느끼는 감정, 이미지에서 연상되는 감정 등을 조사하여 제품에 반영하곤 한답니다. 어린이 버스는 노란색, 소화기는 붉은색으로 표현하는 것들이 대표적인 사례입니다. 이러한 색에 대한 감정들은 자연 현상에서 비롯된다는 것을 알 수 있어요. 예를 들어 봄에 피어나는 개나리, 아장아장 걷는 병아리의 노랑을 보면서 우리는 시작과 아기자기함, 그리고 활기참과 귀여움 등을 떠올리죠. 이러한 노랑의 느낌은 귀엽고 활기찬 어린이들이 자주 이용하는 물건에 차용됩니다.

다음 [그림 9-2]는 우리가 잘 알고 있는 백설 공주의 한 장면입니다.

[그림 9-2] 〈백설 공주와 일곱 난쟁이〉(월트디즈니, 1937)

우리는 빨갛게 잘 익은 과일을 보며 흔히 탐스럽다고 표현합니다. 백설공주에서는 이렇게 사람들이 느끼는 색이나 이미지의 감정을 잘 이용하고 있습니다. 즉, 사람들의 심리를 생각하여 캐릭터의 옷 차림, 소품 등에 잘 반영하고 있는 것이죠. 그러므로 많은 사람이 색이나 이미지에 대해서 느끼는 생각과 선택을 조사하여 디자인에 반영하는 것은 매우 중요합니다.

그런데 사람들의 생각과 선택은 시대에 따라 변화하고, 이러한 사회의 변화는 사람의 사고를 변화시킵니다. 따라서 디자인 연구가들은 형용사 이미지 스케일 등과 같이 대중들의 인식과 태도를 조사하여 디자인에 반영할 수 있도록 돕습니다.

> **더 알기**   **형용사 이미지 스케일**
>
> - 어떤 색을 보고 사람이 느끼는 감정들을 표의 좌표를 통해 구성해 놓은 것입니다.
> - 부드럽고 강함, 따뜻하고 차가움의 네 영역 안에서 연상되는 형용사를 맵을 통해 배치하고, 관련된 제품을 디자인할 때 참고를 합니다.

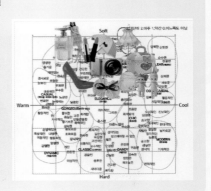

2. 인문학과 디자인

1) 디자인과 인문학의 관계성을 설명해 주세요.

  인문학이란 '한 사회에서 사람들 간에 일어나고 있는 사건이나 현상에 대하여 주체적으로 성찰하고, 그 원인에 대해 철학·역사·사회·정치적 관점에서 분석하여 그 사회의 발전을 위해 방향을 제시하는 것'입니다(이은적, 2020). 이러한 관점은 크게 보면 디자인의 첫 과정인 '문제 인식과 해결'이라는 맥락과 아주 유사합니다. 다만 인문학이 발생한 현상에 대한 근원적 고찰을 통해 인간 주체의 사유 및 존재 방식을 묻는 철학적 관점이라면, 디자인은 물질과 기술을 통해 적극적인 해결을 도모하는 실제적 행동이라는 측면에서 그 차이점을 찾을 수 있습니다.

2) 디자인이 본격적으로 시작된 19세기 사회적 환경은 어떠했나요?

17세기는 결과물은 아름답지만 과정이 좋지 않다는 의미로 '비뚤어진 진주'를 뜻하는 바로크(barocco) 시대로 지칭됩니다. 또한 18세기는 화려한 세공이 주를 이루는 당시 공예 장식에서 착안하여 조개껍데기를 의미하는 로코코(rococo) 시대라고 불리었지요? 하지만 19세기는 특별히 부르는 별칭 없이 그냥 19세기라고 흔히 말합니다. 왜 그럴까요?

19세기는 산업혁명의 영향으로 경제적 이득을 얻는 세력이 확대되고 경제적인 풍요를 누릴 수 있는 시기였습니다. 이 때문에 다양한 정신적 개발을 가져왔으며, 새로운 질서와 가치관이 설정되었지요. 놀라운 세상의 변화와 함께 수많은 사조가 존재하는 시기. 이러한 19세기를 '세상이 발작하는 시대'라고 칭하고 싶습니다. 그동안 하나의 큰 패권이 차지하던 미술사조 역시 19세기에는 신고전주의, 낭만주의, 사실주의, 자연주의 등 다양한 이즘(ism)의 세계로 펼쳐집니다. 그만큼 19세기는 모든 문화가 조각조각 분산되어 연결되고 다시 해체되는 등 격변하는 시대만큼이나 매우 복잡하고 유기적으로 연결되어 있습니다.

18세기 로코코 시대의 중심이던 프랑스 역시 19세기에 이르러 사회 전반적으로 매우 혼란한 시기에 놓이게 됩니다. 산업혁명으로 인한 빈부격차가 그 원인이었죠. 산업혁명으로 인해 대도시로 사람이 몰리며 노동계급이 형성되기 시작하였습니다. 그러나 열심히 일해도 돈을 쉽게 벌 수 없었던 사회구조는 사회주의 사상을 부상시키기도 했죠. 여전히 부자인 귀족, 몰락한 귀족, 졸부가 된 하층민, 여전히 가난한 농부 출신 노동자 등 산업혁명으로 재구조화된 다양한 계층으로 인해 유럽 사회는 여러 가지 사회적 갈등 상황에 놓이게 됩니다. 이에 더해 자연과학의 발달에 의한 실증주의와 사진기의 발명으로 인한 현실 세계의 관심은 이러한 사회문제를 해결하는 방안을 모색하는 계기를 마련하기도 하였지요. 하지만 그 합의는 쉽게 도출되지 못했습니다. 왜냐하면 디자인은 정신의 시대에서 물질의 시대로 넘어가는 19세기에 산업혁명이라는 큰 변혁의 물결을 타고 출발하였기 때문이지요.

3) 디자인과 관련하여 산업혁명은 어떤 의미가 있을까요?

산업혁명이 가져온 변화는 무엇일까요? 방직공장의 기계와 증기기관차로 대표되는 산업혁명은 서서히 그러나 획기적으로 우리 삶을 변화시켰습니다. 산업혁명으로 인한 방직공장의 기계화는 대량생산으로 이어져 그동안 가내수공업 위주였던 근거리 소비시장을 원거리 소비시장으로 확대해 주었습니다. 그 결과 포장이나 브랜드를 강조하는 패키지디자인이 발생하게 되었죠. 제품 생산이 어떤 공장에서 이루어졌는지 알 수 있는 로고를 달고 튼튼한 상자에 포장된 제품은 기차나 자동차, 심지어 비행기를 타고 소비자를 찾아 나서게 됩니다. 이때 물론 사람들도 같이 가게 되죠. 마차를 타고 하루 안에 돌아올 수 있는 외출을 하던 사람들은 이제 기차나 비행기를 타고 멀리 여행을 떠나기도 합니다. 당연히 가지고 갈 옷과 식품 등을 담을 편리하고 튼튼한 가방이 필요하게 되었죠. 패션잡화 디자인이 발전하게 된 계기입니다. 나아가 카메라에 담아 온 새로운 세상은 그동안 자신의 나라, 자기 민족이 세상의 중심이라는 세계관, 종교관에 큰 영향을 주게 됩니다. 지각이 확대된 것입니다.

하지만 이러한 지각의 확대는 정의롭고 온정 어린 생각으로만 이루어진 것이 아닙니다. 남의 나라 땅, 자원 그리고 환경이 더 좋아 보이니 뺏어야겠다는 제국주의가 등장하게 되었으니까요([그림 9-3] 참조).

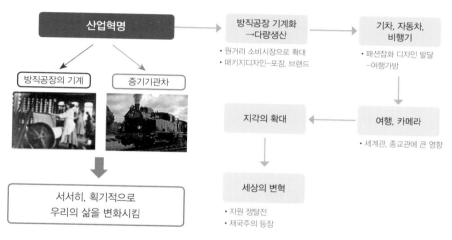

[그림 9-3] **산업혁명이 가져온 세상의 변화**

각국의 교류만큼 각국의 힘자랑도 공업과 디자인 능력을 상징하는 새로운 형태의 디자인 랜드마크 조성으로 시작됩니다. 1851년 영국은 수정궁이라는 유리로 된 건물을 지어 자국의 빛나는 위상을 강조합니다. 1860년 미국은 도심 내 큰 공원을 지어 자국의 토목건설 능력을 자랑합니다. 이에 질세라 1889년 프랑스는 거대한 철조물을 탑으로 세워 강철 대국으로서의 면모를 빛내고자 했죠. 이후 이 탑은 일본의 동경타워, 우리나라의 남산타워를 세우는 데 자극제로 연결되기도 합니다([그림 9-4] 참조).

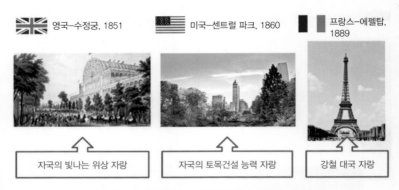

[그림 9-4] **산업혁명 시대의 각국의 랜드마크**

앞서 설명한 것처럼 교통의 발달이 부른 생활권의 확대는 기업을 위한 디자인, 즉 CI 디자인을 발생시키며 기업 제품의 이미지를 높이는 데 기여하였습니다([그림 9-5] 참조).

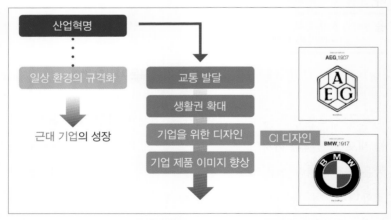

[그림 9-5] **산업혁명 시대 디자인의 등장**

특히 산업혁명은 우리의 일상환경의 규격화를 통해 근대기업을 성장시킬 수 있도록 하였습니다. 제시된 가전과 자동차의 브랜드 로고를 만든 지가 100년이 넘었지만 우리는 이러한 로고를 보고 어색하지 않고 아직도 저 브랜드를 소유하고 싶어 합니다. 아마 이 브랜드를 디자인한 사람이 100년도 더 지난 후 태어난 우리가 이런 생각을 하고 있다는 걸 안다면 디자이너로서는 대단한 기쁨이고 영광일 것입니다.

3. 디자인 이슈로 세상 읽기

1) 국가 정체성과 관련된 디자인 이슈는 어떤 것이 있을까요?

1904년 독일 풍자잡지에는 당시 제국주의를 통해 식민지 건설에 앞장섰던 유럽의 4개국을 풍자하는 다음과 같은 삽화가 실렸습니다. 이러한 이미지는 당시 말보다 강한 이미지로 각 국가의 정체성을 세상에 알리는 도구가 되었습니다(〈표 9-2〉 참조).

〈표 9-2〉 Simplicissimus(독일 풍자잡지)의 유럽 4개국 식민지통치 풍자 삽화

	〈영국〉 당시 해가 지지 않는 나라라고 불리며, 전 세계 곳곳에 식민지를 두고자 했던 영국을 표면적으론 신사적인 제도를 표방하지만, 다방면으로 착취를 일삼는 잔인한 나라로 표현하고 있다.
	〈독일〉 질서정연한 독일인의 특성을 이용하여 체계적으로 차근차근 착취하는 식민지 통치 양식을 풍자하고 있다. 독일 잡지이다 보니 그 비판 강도가 조금은 약한 듯하다.

〈프랑스〉
낭만과 감성을 강조하는 프랑스는 식민지 여성들, 특히 유부녀들을 농락하는 국가로 표현하고 있다. 왼쪽에 현지인의 남편인지 자녀인지 모를 남자가 앉아 그들을 애처롭게 바라보고 있는 모습은 당시 식민지 국민들이 겪는 문제를 간접적으로 나타낸다.

〈벨기에〉
당시 잔혹한 통치 방식으로 유명한 벨기에 국왕 레오폴드 2세를 식민지의 국민을 불에 구워 먹는 사람으로 표현하고 있다. 가장 강하게 식민지 통치의 잔혹함을 표현하고 있다.

출처: Heine (1904. 5. 3.).

　1945년 제2차 세계 대전 종전 이후 세계의 패권이 미국으로 넘어간 뒤, 미국의 대표적인 추상표현 작가 잭슨 폴록(Pollock)이 바닥에 누워 페인트통과 붓을 마음껏 흔들면서 캔버스에 표현하는 모습은 그 당시 우수한 과학자와 기술자를 유치하려는 미국에 있어 매우 좋은 광고 수단이었습니다. 말로 표현하지 못하는 미국의 자유로움을 한눈에 보여 주는 파격적인 모습이었으니까요. 그의 작품은 이러한 의도로 미국 현대미술의 해외 순회 전시에 수차례 포함되었습니다([그림 9-6] 참조).

[그림 9-6] **잭슨 폴록(Pollock, 1912~1956)의 작업 모습**

이렇듯 20세기 들어 디자인은 각국의 국가 정체성을 나타내는 수단으로 강력하게 사용되고 있습니다. 교통수단의 발달과 인쇄미디어의 발달로 인해 국가가 주는 이미지는 각국의 산업과 문화를 강하게 만드는 발판이 되었습니다. 그러므로 유럽과 미국 등, 소위 제국주의 국가들은 디자인을 통해 국가 정체성을 확립하려는 전략을 다방면에서 구축하고 있습니다.

국가가 가지고 있는 정체성, 즉 '국가 브랜딩(national branding)'은 관광산업과 연계하여 부가가치를 창출할 뿐만 아니라 국가 이미지 제고에도 이바지하여 국가 경쟁력을 강화하는 좋은 수단으로 활용되기도 하는데요. 정체성 구축에 활용되는 요소는 누구나 공감하는 그 국가의 상징물이나 자연물을 활용하는 것이 좋습니다. 즉, 국가 정체성은 어떠한 형태를 띠고 있는 것이 중요한 것이 아니라, 구성원 누구나 사랑하고 애정을 가질 수 있는 공감의 대상일 때 그 정체성은 지속가능할 수 있습니다.

이러한 국가 정체성은 특히 시각적이고 감성적 이미지를 통해 생활 곳곳에 스며들 때 가장 강력하게 형성됩니다. 생활 속 디자인과 같은 형태로 말이죠.

2) 전쟁과 관련된 디자인 이슈는 어떤 것이 있을까요?

문자와 철기를 가진 사회들, 즉 우리가 앞선 시간에서 이야기 나누었던 산업사회 강대국들은 강하고 편리한 문명의 이기를 적극적으로 활용하여 그렇지 못한 사회를 정복하거나 멸망시키면서 세계사를 이끌어 왔습니다. 자연환경의 영향으로 풍족함을 누리게 된 민족들은 우연히 형성된 그들의 행운을 생물학적 우월감으로 포장하며 세계 곳곳의 불평등을 초래하고 있습니다. 현대 세계에서 불균형이라는 어둡고 긴 그림자, 바로 전쟁으로 가시화시키면서 말이죠.

전쟁에 예술적 도구를 이용하여 디자인하려고 시도한 사람은 미국의 애벗 핸더슨 세이어(Thayer, 1849~1921)입니다. 그는 디자이너적인 상상력으로 전쟁에 군수와 물자를 운송하는 데 매우 중요한 역할을 하던 배의 위장술을 특허까지 취득하며 제안하고자 했습니다. 당시의 배는 잠수함에 의한 폭격이 주요 침몰 이유였습니다. 따라서 그는 배를 눈에 띄지 않게 숨길 수단을 취하게 되었죠. 하지만 그의 지나친 예술가적 생각은 그 당시 영국과 미국의 군인들을 논리적으로 설득시키는 데 실패하였습니다. 세이어가 제안한 구름같이 배가 보이도록 천을 덮도록 한 것은 오히려 더 큰 주목성을 가지게 했습니다. 당시 연료기술로는 배에서 연기가 날 수 밖에 없는 한계 때문에 하얀 천과 검은 연기가 더욱 대비되어 눈에 잘 피었기 때문이죠. 지나친 예술가적 상상력이 보여준 실패 사례입니다([그림 9-7] 참조).

세이어 이후 전쟁의 도구로 활용된 디자인은 배를 숨기기보다는 배의 움직임에 착각을 주기 위한 디자인으로 변화하였습니다. 노먼 윌킨슨(Wilkinson, 1878~1971)은 배를 사랑한 해양화가이자 삽화가

[그림 9-7] 〈구름같이 보이도록 천을 덮은 배〉(세이어, 1800년대 후반)

였습니다. 제1차 세계 대전이 일어나자 그는 해군에 입대하여 해상의 많은 일을 경험하면서 배와 무기들을 위장하는 것에 많은 아이디어를 얻게 됩니다. 윌킨슨은 이후 자신의 아이디어를 군사적 측면과 예술적 측면을 잘 고려하여 정리한 후, 정부에 위장도색 부대를 설치할 것을 건의하게 됩니다. 그러나 예술가인 윌킨슨의 이러한 주장에 대해 영국의 정부는 세이어처럼 실패할 가능성을 염두에 두어 실효성을 검증하라는 임무를 내리게 되죠. 이에 따라 윌킨슨은 런던에 위장부대 실험을 위한 사무소를 설립하고 뜻맞는 동료 화가들을 모아 위장도색술을 시도합니다(그림 9-8] 참조).

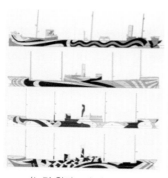

- 군사적 · 예술적 측면을 고려한 아이디어 정리

➡ 정부에 위장도색부대 설치 건의

- 실효성 검증에 대한 요구

➡ 런던에 위장부대 실험을 위한 사무소 설립

➡ 뜻 맞는 동료화가들과 함께 위장도색술 시도

'노먼 윌킨스의 아이디어'

[그림 9-8] 〈위장도색술 배〉(윌킨슨, 1900년대 초반)

그렇다면 이렇게 윌킨슨이 주장했던 전쟁의 도구로 활용한 디자인인 위장도색술은 어떤 효과가 있었을까요? 당시 영국에서는 1918년 기준 2,367척의 군함을 위장도색술로 디자인하였고, 미국에서는 1,256척이 위장도색술로 디자인 했습니다. 미국의 통계 결과 그 당시 침몰한 2,500톤이 넘는 배 96척 중 위장도색된 배는 18척에 불과했습니다. 침몰당한 18척 역시 당시의 배 건조의 기술적 결함에 의해 침몰한 상선이 대부분이었고, 폭격으로 인한 군함의 침몰은 없었습니다. 즉, 위장도색술의 효과가 있었던 것이죠.

1970년대 이후 냉전의 시대를 거치면서 전쟁과 디자인은 다양한 관점에서 받아들여지고 있습니다. 특히 과학기술의 혁신은 전쟁과 디자인의 관계에 변화를 주게 되었습니다. 병기 산업 기술과 관련하여 대량생산 시스템을 확립하는 것으로 변화되는 것이죠. 예를 들어 1861년부터 1865년까지 일어났던 남북전쟁 이후 미국은 자전거, 재봉틀, 자동차 등의 일용품 생산을 대량으로 할 수 있는 시스템을 갖추게 되었습니다. 목숨 걸고 하는 전쟁이니만큼 전쟁에 쓰일 무기와 용품 관련 생산은 그 국가의 과학기술혁신 능력을 총동원하여 진행하게 된 것이죠. 특히 경쟁국, 즉 적국이라 불리는 경쟁상대가 있다면 그 노력은 극대화됩니다. 과학기술의 혁신이 불러온 전쟁과 디자인은 이처럼 빠르게 전쟁터뿐만 아니라 일상생활을 변모시키고 있답니다.

3) 어린이와 관련된 디자인 이슈는 어떤 것이 있을까요?

역사 속에서 어린이를 바라보는 시선은 어땠을까요? 생존경쟁이 치열했던 선사시대와 초기 역사시대, 즉 수렵과 채집이 중심이었던 농경사회에서는 생존을 위한 힘이 우선이었기 때문에 남아 선호 사상이 강했습니다. 하지만 정확히 말하면 이는 성인 남성, 즉 힘 있는 남자 어른에 대한 선호 사상이었습니다. 신의 이야기를 전달하며 그의 뜻을 따를 것이 최대의 목적이었던 고대와 중세 시대에서 어린이는 여성과 마찬가지로 철저히 무시되는 존재였습니다. 아기 예수와 같이 성경에 나오는 어린이가 아니라면 굳이 관심을 가질 필요가 없는 존재로 인식되었습니다. 하지만 근대에서 현대로 넘어오면서 어린이는 다양한 어린이의 특성을 인정받으며 학교라는 제도 안에서 교육을 받아 사회인으로 성장하는 차이를 인정받게 되었습니다([그림 9-9] 참조).

[그림 9-9] **역사 속에서 어린이를 바라보는 시선**

특히 학교 제도의 시작은 많은 어린이의 특성을 연구하게 된 획기적인 제도였습니다. 한 자녀 가정이 많은 현재, 어린이들은 배려와 보호의 대상자로 인식되고 있습니다. 몸집이 작은 어른이 아니라 어린이가 가지는 차별적 특성에 관심을 가지기 시작한 것이죠.

현대에 와서 이러한 어린이에 대한 인식의 차이는 많은 디자인 영역에서도 반영되고 있습니다. 우리가 잘 아는 디즈니의 캐릭터인 미키마우스와 미니마우스의 디자인 변화를 한번 예로 볼까요?([그림 9-10] 참조)

[그림 9-10] 어린이의 시선이 고려되어 디자인이 변형된 미키마우스와 미니마우스

　미키와 미니의 초창기 캐릭터는 어른의 몸에 인형의 탈을 쓴 캐릭터 형태였습니다. 이러한 형태는 아이들에게 오히려 무서움을 주었죠. 이러한 문제점으로 인해 이후 미키와 미니의 캐릭터는 어린이의 신체 구조 비례를 적용한 캐릭터로 변모되었습니다. 머리와 몸의 비율을 어린이 신체와 유사하게 변형하여 좀 더 어린이들의 눈높이에 맞추어 디자인한 것이죠.

　하지만 어린이를 위한 디자인이라고 해서 항상 어린이만을 위하는 것은 아닙니다. 어린이를 위한 디자인의 직접 수혜자는 당연히 당사자인 어린이지만 간접 수혜자이면서 직접 구매자는 부모이기 때문에 부모의 만족도도 고려해야 합니다.

　과학기술의 혁신으로 인해 최근의 어린이 대상 디자인은 기능과 형태 면에서 과거에 비해 매우 다양한 형태로 발전하고 있습니다. 하지만 이러한 과학기술의 혁신이 어린이를 대상으로 한 디자인 분야에 모두 긍정적으로 반영되는 것은 아닙니다. 2017년 9월, 세계적인 장난감 업체 레고사가 1,400명의 직원을 해고하기로 했다는 발표가 있었습니다. 유튜브, 비디오 게임 등 어린이들의 놀이 문화가 다양해지면서 매출이 크게 줄었기 때문입니다. 즉, 현대의 어린이들은 손으로 직접 조작하고, 만지고, 생각하는 기회가 급격하게 줄어든다는 것인데요. 이러한 상황은 단순히 예전의 장난감이 사라져서 걱정이라기보다는 어린이들만의 사고와 특성이 발달하는 시기를 자극적이고 즉흥적인 IT 미디어 콘텐츠로 채워 보낸다는 것에 더 큰 걱정을 불러일으킵니다. 이러한 세태가 어쩔 수 없는 상황이라면 디자이너들이 더욱더 어린이의 특성을 살피고 고려하여 미디어 콘텐츠를 디자인하여야 할 것입니다.

4) 안전과 관련된 디자인 이슈는 어떤 것이 있을까요?

안전을 위한 디자인은 일상생활에서 일어나는 사전들을 미리 방지하고 더불어 살 수 있도록 도와주는 중요한 디자인 이슈입니다. 이러한 안전 디자인은 '경험과 관찰'을 통해 과학기술로 구현되며 '배려와 가치관'이라는 감성적 요소에 의해 완성되게 됩니다. 즉, 과학기술과 감성의 조화로 최적의 안전 디자인이 산출되는 것이죠.

생명을 구하는 디자인의 착한 기능을 수행하는 안전 디자인은 특히 저개발 국가나 위험 상황에서 그 위력을 발휘하게 됩니다. 솔라퍼프는 태양광 패널과 배터리를 장착하면서도 가벼운 무게(70g)로 인해 물에 뜨게 설계된 램프입니다. 전기 공급이 차단된 재난 상황에서도 태양을 에너지원으로 하여 8~12시간 동안 사용할 수 있습니다. 또한 가벼운 무게로 물에 뜨게 설계되어 구조용 램프로도 유용하게 사용할 수 있답니다([그림 9-11] 참조).

[그림 9-11] 솔라이트디자인: 〈솔라퍼프〉(전민수, 2010)

특히 솔라퍼프는 따뜻하고 부드러운 색, 형태, 재질을 사용하여 위기에 처한 사람들의 마음을 위로해 준다는 평가를 받고 있습니다. 이러한 점에서 솔라퍼프는 디자인의 심미성, 기능성, 윤리성을 고루 갖춘 안전을 위한 디자인의 좋은 예가 될 수 있습니다. 이러한 솔라퍼프는 저개발 국가에서 등유를 이용한 유리 램프를 사용하다 깨져서 오히려 더 큰 화재로 희생자가 발생하는 것을 알게 된 디자이너가 그곳의 자원과 환경을 고려하여 디자인한 것입니다.

이렇듯 디자인은 단순한 물질의 조합이 아니라 '관찰-경험-배려'의 과정 안에서 탄생할 때 우리를 보호해 주는 디자인으로 탄생하게 됩니다. 즉, 디자인은 특정인을 위한 또는 특정인에 의해 이루어지는 활동이 아닙니다. 우리 모두의 힘이 필요한 활동이지요.

5) 자연과 관련된 디자인 이슈는 어떤 것이 있을까요?

쾌적한 삶의 공간이 선호됨에 따라 우리나라를 비롯한 세계 여러 나라, 소위 선진국이라 불리는 나라에서는 기존의 도시시설을 허물고 새로운 도시환경으로 탈바꿈하는 시도를 하고 있습니다. 이러한 시도는 재개발, 재건축, 도시재생 뉴딜사업 등의 이름으로 우리에게도 익숙합니다. 물론 이러한 도시재생 디자인에 대해 많은 이들은 사람과 동식물이 공존하는 공간 조성을 통해 생태 환경을 존중하는 방향으로 진행해야 한다고 생각합니다.

하지만 현실은 어떠할까요? 과학기술이 발달하기 전 인간들은 모든 사물에는 영혼이 깃들어 있다는 애니미즘을 통해 자연에 대한 경외심과 두려움을 가지기도 하였습니다. 중세 시대에 와서는 자연은 신이 주는 은총이라 여기며 감사한 마음으로 자연을 누리고 혜택을 받고자 하였습니다. 이후 산업화 과정에서 자연 공간은 개인의 재산으로서, 동물은 먹을거리와 입을 거리를 제공하는 자원재로 여기는 인식이 강해졌습니다. 자연을 인간의 도구로만 활용하는 경향이 강해지게 된 것이죠.

최근 들어 환경 파괴와 오염이 최근 들어 심각해지면서 더 이상 물러설 곳이 없게 된 우리는 자연을 더 이상 기능재만 보지 않고 지속가능한 공공재로서 보존 의식을 가지게 되었습니다. 자연은 선대에서 물려받아 우리가 잠시 사용하다 후대에 물려주어야 하는 것으로 인식하게 된 것이죠. 특히 과학기술 혁신이 이루어짐에 따라 자연을 위한 디자인은 동물복지, 동물 치료, 멸종 위기 동물 보호, 나아가 사람과의 공존을 위한 자연환경 공간 디자인 등으로 확대되고 있습니다. 다음의 반려묘를 위한 고양이 터널 소파는 우울증에 걸리는 애완동물이 증가하는 것에 대한 대비책으로 동물과 인간의 공존을 위해 고안된 동물 가구입니다([그림 9-12] 참조).

또한 일본에서는 사고를 당한 강아지를 위해 공학도와 수의학도가 힘을 모아 3D프린터를 이용한 인공 뼈 제작을 통해 뇌 수술을 성공적으로 시행하였습니다. 덴마크 코펜하겐에서는 2주 동안 재활용 자재를 수집하여 도심 속에 250개의 새장을 제작하는 〈Happy City Bird Project〉(2012)를 진행하였습니다. 이처럼 자연을 위한 디자인

[그림 9-12] 〈Cat Tunnel Sofa〉(Design Studio 'mun', 2012)

은 공감대 형성을 이룰 때 더 큰 효과를 얻을 수 있습니다.

지구의 주인은 누구일까요? 자연을 위한 디자인은 이 질문에 대한 대답을 '공존'이라는 키워드로 수행하고 있습니다.

4. 인문 소양을 위한 디자인교육의 새로운 패러다임

1) 인문학의 관점에서 디자인교육이 지향해야 할 방향은 무엇일까요?

우리나라에서 디자인교육은 교육과정 초기인 제1, 2차 교육과정에서부터 시작되었습니다. 이때의 디자인교육은 한국전쟁 후 재건과 경제 부흥의 목적으로 실용적인 기능 숙련 내용이 주가 되었죠. 이러한 우리나라 디자인교육의 변천을 공교육에서 활용되는 중학교 미술 교과서에서 살펴보면 그 변화를 다음과 같이 확인할 수 있습니다(최서령, 현은령, 2021). 초기 시각과 제품디자인 영역을 주로 다루던 디자인교육 영역은 시대가 변하면서 환경디자인, 디자인 이론, 융합 디자인 영역으로 점차 확장되고 있습니다. 여러 세부 영역 중에서도 시각디자인 영역은 모든 교육과정을 막론하고 중요하게 다루어지고 있습니다. 1990년대 정보화 시대 이후 내용 면에서는 디자인을 실용 기술이나 단순 정보 전달을 위한 도구적 의미에서 점차 생활에 밀접한 시각문화 예술과 창의성을 발휘하는 표현의 수단으로 변화하고 있는 것을 확인할 수 있습니다. 특히 2015 개정 교육과정에서는 '미술과 교육과정'의 성격에서 '미술은 느낌과 생각을 시각적으로 표현하여 다른 사람과 소통하고 자신과 세계를 이해하는 인간 활동으로서 삶의 질을 향상하는 데 있어 중요한 역할을 한다.'라고 서술하고 있습니다(교육부, 2015). 그리고 2022 개정 교육과정 미술과에서는 미술을 통해 자신과 세계를 이해하고 미술문화 창조에 주도적으로 참여하는 사람을 창의 융합적 수업을 통해 키워 나갈 것을 권하고 있습니다(교육부, 2022). 특히 시각적 소통을 통해 공동체 의식과 정체성을 확립하는 것을 주요 내용으로 삼고 있습니다.

이처럼 최근의 교육과정에서는 미술 교과 성격을 시각문화, 즉 디자인의 일환으로 전개함을 알 수 있습니다. 또한 타 분야와의 융합 과정에서 디자인은 새로운 기술 매체를 활용하는 데 적극적으로 이용되고 있습니다. 즉 디자인이 표현 수단의 기능 외에 더욱더 사회적이고 문화적인 역할을 수행하는 도구로서 활용되고 있는 것이죠. 이 과정에서 중요하게 등장하는 개념이 디자인교육의 사회적 책무성입니다. 이러한 디자인교육의 흐름과 정책의 방향은 다음의 두 사이트에서 다양한 자료를 통해 확인할 수 있습니다.

• 국가교육과정 정보센터 미술 교과에서 디자인교육의 변천을 국가 교육과정을 통해 확인할 수 있다. 	• 한국디자인진흥원 디자인 정책의 변화, 디자인의 사회적 책 무에 대한 자료를 확인할 수 있다.

　　앞으로의 디자인은 지금보다 더 사람과 기술, 사람과 자연, 사람과 사람들의 문제를 해결하는 내용으로 구성될 가능성이 있습니다. 그러므로 디자인교육에서도 사람의 행동과 경험을 관찰하고, 그 과정에서 발견되는 문제들을 적합한 기술들로 재현해 나가는 역량을 키워 주어야 할 것입니다.

　　무엇보다 디자인이 '인간과 자연', 그리고 '환경을 위한 경험적 시도들을 이해하기 위한 도구'로 그 역할을 다하기 위해서는 참여자 모두의 '의미생성' 과정이 필요합니다. 창의적으로 제작할 수 있는 제작능력은 산출된 디자인을 빛나게 하지만 그러한 디자인이 왜 나오게 되었는지에 대한 우리 모두의 반성과 토론은 산출된 디자인을 의미 있게 만듭니다. 디자인을 통해 지금보다 나은 우리의 삶이 되길 기대합니다.

생각 나누기

- 디자인의 기능성, 심미성, 윤리성을 인문학의 관점에서 생각해 보고, 자신은 이 세 가지 중 어떤 것을 더 중시하는지 그 이유에 대해 이야기해 봅시다.
- 인상 깊게 여겨졌던 디자인 제품이나 서비스 등을 찾아 소개하고 그 가치를 주제로 토론해 봅시다.

📁 참고문헌

교육부(2015). 2015 개정 교육과정 총론.

교육부(2022). 2022 개정 교육과정 총론.

이은적(2020). 인문학으로서의 미술(교육), 미술(교육)의 인문학적 가치
　　탐색. 문화예술교육연구, 15(3), 211-232.

최서령, 현은령(2021). 한국 중등 교육과정 흐름에 따른 디자인교육의 변
　　천. Archives of Design Research, 34(2).

현은령(2012a). 디멘션의 시각적 확장을 통한 뉴미디어디자인의 리터러시
　　효과. 한양대학교 대학원 박사학위논문.

현은령(2012b). 즐거운 미술 감상. 도서출판 일컴.

현은령, 서홍석, 이원희, 김순희, 이현선, 임가영, 조성인, 박현아(2015). 중
　　학교 미술. 리베르교과서.

Heine (1904. 5. 3.). Simplicissimus.

[사이트]

- 국가교육과정 정보센터 https://ncic.go.kr/mobile.dwn.ogf.inventory
  List.do
- 한국디자인진흥원 https://www.kidp.or.kr
- 해피시티버드 프로젝트 https://mymodernmet.com/thomas-winther-
  dambo-happy-city-birds

CHAPTER
10

인문과 사진
—

현혜연

시간을 기록하는 매체인 사진의 발명은 우리 사회와 문화에 큰 변혁을 일으켰다. 이 장에서는 우리 삶에 엄청난 영향을 끼친 사진을 이해하고, 사진교육의 중요성을 알아본다. 그리고 인문학적 관점에서 사진의 가치를 논하고, 급격히 변화하는 매체 환경 속에서 사진교육이 나아갈 방향을 생각해 본다. 삶과 사진의 관계를 잇는 이야기 속에서 사진교육에 대해 성찰해 볼 수 있는 계기가 되기를 기대한다.

1. 사진의 이해

1) 사진은 언제 어떻게 탄생했을까요?

사진을 좋아하시나요? 요즘은 정말 많은 사람이 사진을 좋아합니다. 사람들은 언제 어디서든 사진을 찍으며 기억하고 싶은 순간을 기록하죠. 이제 사진은 우리 일상에서 가장 중요한 생활의 도구이자 가장 친한 친구 중 하나가 되었습니다.

우리가 사진을 찍게 된 것은 19세기 중반입니다. 더 정확하게는 1839년 8월 19일 프랑스에서 처음으로 발명 특허와 함께 공식적으로 선포하고 사용하게 되었죠. 프랑스의 다게르(Daguerre)라는 사람이 최초 특허권의 주인공입니다. 다게르는 원래 극장의 배경 그림을 그리는 사람이었는데, 보다 실제와 같은 배경을 그리고 싶어서 사진을 연구하였습니다. 그는 앞선 많은 사람의 광학과 화학 분야의 발견과 발명을 토대로 사진을 발명할 수 있었습니다.

2) 사진의 원리를 알고 싶습니다.

다게르의 발명은 엄밀히 말하면 빛을 기록하는 필름의 발명입니다. 사진 이미지가 만들어지는 원리는 훨씬 오래전에 발견되었죠. 사진의 원리, 정확히는 카메라의 원리는 '어두운 방 한편에 구멍을 뚫으면 방 밖의 사물이 반사한 빛이 방 안으로 들어와 반대편에 거꾸로 상이 맺히는 현상'에서 출발합니다.

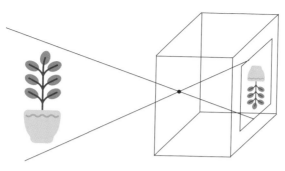

[그림 10-1] 사진의 원리

이 원리에 대한 기록은 기원전 350년경 아리스토텔레스의 글에 담겨 있습니다. 실제 원리가 발견된 것은 사실상 그보다도 한참 오래전이지요. 아리스토텔레스는 이 현상을 활용하면 일식과 같이 맨눈으로 관찰하기 어려운 자연 현상을 관찰할 때 유용하다고 기록하고 있습니다. 16세기에는 이 원리를 이용한 장치(카메라 옵스큐라, camera obscura, 어두운 방이라는 뜻)를 만들어서 그림을 그리는 데 사용하였습니다. 우리가 아는 레오나르도 다빈치(daVinci)도, 네덜란드 화가 페르메이르(Vermeer)도 보다 현실처럼 그림을 그리는 데 이 장치를 사용하였지요. 훗날 이 장치에 필름을 넣어 이미지를 고정하게 되면서 우리가 사용했던 필름 사진이 만들어진 것입니다.

3) 사진이라는 용어에는 어떤 의미와 역사가 있을까요?

사진이라는 단어, 즉 서양의 '포토그래피(photography)'는 빛(photon)과 그림(graphy)의 합성어로, '빛으로 그린 그림'이라는 뜻입니다. 즉, 사진의 원리를 그대로 담은 용어지요. 예전에는 중국이나 일본에서 '광화(光畫)'라는 용어를 사용했었는데, 이 역시 원리를 담은 용어입니다.

그런데 우리말 '사진(寫眞)'은 베낄 사(寫)와 참 진(眞)이라는 한자로 이루어져 '진짜처럼 베끼다' 혹은 '모사하다'라는 뜻을 지니고 있습니다. 왜 이렇게 다를까요? 우리나라에는 카메라가 소개되기 전에 완성품인 사진이 소개되었기 때문에 원리보다는 결과물을 보고 붙인 용어라 그렇습니다. 중국에 통역사로 갔던 역관들이 자신이 찍힌 초상사진을 가지고 들어왔던 것이 최초의 사진 전래이지요.

사실 사진이 소개된 19세기 당시에 '사진'은 초상화를 부르던 용어이기도 했습니다. '터럭 하나도 다르지 않게 그려야 한다.'라는 우리 조상의 초상화에 대한 철학이 담긴 용어입니다. 그러니 사진이라는 용어에는 우리의 역사 경험이 담긴 것이라 할 수 있습니다.

> **더 알기** ▶ **초창기 사진의 명칭**
>
> - 다게르(Daguerre)가 발명한 사진의 이름은 발명자의 이름을 따서 '다게레오타입'이라고 불렀습니다. 이뿐만 아니라 비슷한 시기에 발명을 완성한 다른 사람들도 본인의 이름을 붙이거나, 원리를 담은 단어들을 사용했지요.
> - 헬리오그래피(heliography): 19세기 프랑스 발명가 니엡스(Niépce)의 사진술로, Helio(태양)+Graphy(그림) = 태양의 그림을 의미합니다.
> - 칼로타입(calotype): 19세기 영국의 발명가 탈보트(Talbot)의 사진술로, Calos(아름답다)+Type(형식, 형태) = 아름다운 형태의 이미지를 의미합니다.
> - 포토그래피(photography): 사진 정착 약품 발명자인 영국의 허셀(Herschel) 경이 붙인 명칭입니다.

4) 사진은 어떻게 발전해 왔을까요?

사진의 발명은 세상을 깜짝 놀라게 했습니다. 사람들은 현실과 똑같은 이미지가 만들어지는 사진에 놀라고 열광했습니다. 발명 즉시 사진은 전 세계로 전파되었고, 다양한 분야에서 사용되었습니다. 저널, 광고, 산업, 과학, 의학, 학술연구, 경찰수사, 각종 탐사와 조사 등 이미 19세기에 사진이 쓰이지 않는 곳이 없을 정도로 **빠르게** 퍼지고 생활 속으로 스며들었습니다. 사진의 기술적 진보도 19세기에 대부분 이루어지게 됩니다.

그리고 20세기 말에는 빛에 대한 화학적 반응으로 이미지를 만들었던 필름 사진이 디지털 사진의 발명과 함께 크게 변화하게 됩니다. 아날로그 사진은 빛에 반응하는 은(silver)을 바른 필름에 화학약품 처리를 통해 이미지를 만드는 방식입니다.

반면, 디지털 사진은 카메라에 들어오는 빛을 센서로 읽어 디지털 데이터로 변환하여 기록하는 방법입니다. 디지털 사진이 시작되면서 필름 값이 들지 않게 되었고, 촬영 즉시 이미지를 확인할 수 있게 되었으며, 필름 현상을 하러 전문점에 가야 하는 수고도 사라지게 되었습니다. 더 나아가 21세기에는 핸드폰에 카메라가 장착되면서 사진은 일상 그 자체가 되었지요. 즉, 누구든지 자신이 원하면 언제나 쉽고 간편하게 사진을 찍어 볼 수 있는 시대가 열린 것입니다.

2020년대에 사진은 또 한 번 혁명적 전환의 단계에 이르렀습니다. 실감형 이미지와 AI 이미지는 현실을 그대로 기록한다는 기존 사진의 전제마저 뒤엎고 있습니다. 보다 현실 그대로의 이미지를 보고 싶다는 욕망은 AR(증강현실), VR(가상현실), XR(확장현실) 등 실감 영상 기술에 힘입어 이미지 제작 과정을 급격히 발전케 하고 있습니다. 여기에 최근에 대중화되고 있는 인공지능인 이미지 생성형 AI를 활용하면 카메라 없이, 사진을 찍을 필요 없이 사진 이미지를 만들 수 있습니다. 이제 사진 이미지는 현실에 없는 것도 제작하게 된 것이죠.

5) 현대사회에서 사진의 영향력은 어떠한가요?

오늘날 우리가 사진 이미지를 이토록 많이 사용하게 된 것은 디지털 이미지 제작 기술의 발전 때문입니다. 그런데 이보다도 더 중요한 것은 컴퓨터의 발전과 인터넷의 상용화에 있습니다. 컴퓨터와 인터넷이라는 미디어는 문자언어를 많이 사용할 때 눈의 피로가 심합니다. 글줄을 따라서 오래 읽기보다는 한눈에 보고 내용을 빨리 파악하는 것이 편리하지요. 그러다 보니 문자보다는 이미지 언어를 많이 사용하게 되었고, 이미지 중에서도 미디어에 어울리는 사진을 많이 사용하게 되었습니다. 실제로 백 마디 글보다 한 장의 사진이 보여 주는 직관적이고 감각적인 현실은 우리를 사진에 더 빠져들게 합니다.

한 걸음 더 나아가 스마트폰과 실감 미디어, 이미지 생성형 AI 등 최신의 미디어 환경은 더욱 시각 중심 미디어로 개발되고 있습니다. 그 때문에 우리 생활에서 사진 이미지가 차지하는 영향력은 매우 크고 깊어지고 있습니다.

2. 사진교육의 중요성

1) 사진교육이 왜 중요한가요?

오늘날 우리의 환경은 시각 중심으로 움직입니다. 온종일 사용하는 스마트폰을 생각해 보면, 우리가 얼마나 이미지 중심 사회에서 살고 있는지 체감할 것입니다. 이처럼 사진 이미지가 중요하지만, 우리가 꼭 교육을 받아야 하는지 그리고 어떤 교육적 중요성이 있는지는 크게 논의되지 않는 것 같습니다. 사진에 대해서 왜 교육을 해야 할까요? 사진의 어떤 점이 교육적으로 중요할까요? 이와 같은 질문들에 대해서 세 가지 관점, 즉 '이미지 리터러시와 미디어 교육' '자기 이해와 성찰' '문화의 다양성과 세계 이해'의 관점에서 생각해 볼 수 있을 것입니다.

2) 사진교육이 이미지 리터러시와 미디어 교육으로서 왜 중요한가요?

사진은 무엇보다도 이미지 언어라는 점에서 '이미지 리터러시 교육'의 주 도구가 됩니다. 현대사회의 시각 중심 미디어를 주체적으로 다루기 위해서는 이미지 리터러시 교육이 필요합니다. 이미지 리터러시 교육이란 이미지를 해독하고, 스스로 제작하여 표현하고, 이미지의 사회적 맥락을 비판적으로 이해할 수 있는 능력을 길러 주는 교육을 말합니다. 사진은 가장 쉽고 친근하게 이미지 언어를 익힐 수 있는 분야입니다.

또한, 사진교육을 통해서 이미지를 제작하고 미디어를 사용하면서 급격히 변하는 미디어 관련 과학기술을 쉽고 빠르게 이해할 수 있습니다. 이러한 이해는 최신의 미디어에 대한 이해로 이어져 다양한 미디어를 두려움 없이 즐겁게 그리고 자신의 소통 도구로 활용할 수 있도록 이끌어 줍니다.

3) 자기 이해와 성찰의 관점에서 사진교육이 왜 필요한가요?

사진교육은 자신을 이해하고 성찰할 힘을 길러 준다는 점에서 매우 중요합니다. 사진을 찍을 때 우리는 카메라를 통해 대상을 바라보는 자기 시선에 몰입하게 됩니다. 빠르게 변하는 현대사회 속에서 우리는 자신을 깊이 있게 생각해 볼 수 있는 여유가 거의 없습니다. 끊임없이 주어지는 정보와 자극 속에서 자신이 누구인지 생각해 볼 시간은 사라지고 있지요. 그런데 사진을 찍는 시간은 온전히 자신에게 집중하는 시간이자 세상의 속도에서 잠시 멈추는 시간입니다. 바로 이 멈추고 자신에게 집중하는 시간을 통해 자기 이해가 일어나는 것입니다.

그렇게 찍힌 사진은 정직하게 우리의 마음을 보여 주기도 합니다. 사진은 현실을 그대로 기록하는 것이 아니라, 사진을 찍는 순간에 촬영 태도를 통해 자신의 마음을 담게 됩니다. 이 촬영 태도 때문에 똑같은 대상을 찍었다 해도 각각의 사람마다 서로 다른 사진이 만들어집니다. 그리고 이 사실은 사진을 예술로 승화시키는 핵심 성격일 것입니다.

우리는 사진을 찍으면서 또한 찍은 사진을 곰곰이 들여다보면서 자기 시선의 의미를 인식하고 자신을 이해하게 됩니다. 이러한 과정에서 성찰이 일어나지요. 사진을 찍고 의미를 해석하는 교육은 이처럼 자기에 대한 이해와 성찰을 가능하게 한다는 점에서 중요합니다.

4) 문화의 다양성과 세계 이해의 관점에서 사진교육이 왜 중요한가요?

사진교육은 문화와 세계를 이해하는 데 매우 유용합니다. 사진만큼 세계를 잘 보여 주는 매체가 있을까요? 사진은 시간과 공간을 사실적으로 기록합니다. 사진이 기록한 것들은 우리가 살아온 역사와 세계를 보여 주고, 문화의 다양성을 명확하게 드러냅니다. 사진은 지구상에 존재하는 수많은 문화를 보여 줌으로써 우리가 문화의 다양성을 이해할 수 있도록 이끌어 줍니다.

더 나아가 사진은 우리가 직접 보지 못하는 곳의 모습을 통해 지구의 위대한 생태와 아주 심각한 환경 위기도 알게 해 줍니다. 즉, 우리가 지속가능한 삶을 위해서 무엇을 해야 하는지를 보여 주지요. 이러한 사진교육은 세계의 이해를 통해 세계시민으로서의 의식을 함양할 수 있도록 이끌어 줍니다.

또한, 사진교육은 학교 교육과정의 범교과 학습 주제와 연결하여 교육적 중요성을 생각해 볼 수 있습니다. 교육부는 '2022 교육과정 총론'을 통해서 범교과적인 학습 주제를 다루고, 지역사회 및 가정과 연계하여 지도할 것을 강조하고 있습니다. 학교 교육이 우리 삶과 문화의 문제와 질문들을 더 밀접하고 깊이있게 다뤄야 한다는 의미이기도 합니다. 사진은 각각의 주제와 관련하여 다양한 이야기를 나눌 수 있도록 하고, 우리 삶의 모습을 다양한 방법으로 표현하는 데 매우 효과가 큽니다.

3. 우리나라 사진교육의 현황

1) 학교 교육에서 사진교육은 어떻게 이루어지고 있나요?

사진가가 진행하는 대표적인 학교의 사진교육은 문화체육관광부와 교육부가 함께 하는 학교 예술강사 지원사업입니다. 초등학교, 중학교, 고등학교에 사진 분야의 예술강사가 배치되어 사진교육이 이루어지는데, 초등학교와 중학교에서는 창의적 체험활동으로, 고등학교에서는 기본 교과와 창의적 체험활동으로 교육하고 있습니다. 이러한 사진교육에서는 전문적인 사진 기술을 배우는 것이 아니라 학생의 시각에서 사진의 특수성을 이해하고, 표현 도구로서 사진을 활용하는 방법을 익힐 수 있도록 교육프로그램을 구성하고 있습니다. 이러한 교육프로그램은 다양한 교과와 연계하여 이루어지고, 또한 우리 주변의 사물과 사회적 현상에 대해 논리적이고 창의적인 문제 해결법을 찾는 등 능동적인 사고를 실천할 기회를 제공하는 것에 목적을 두고 있습니다(문체부 외, 2022). 이 외에도 특성화 고등학교에서 사진교육이 전문적으로 이루어지고 있습니다.

2) 미술 교과 내에서 사진교육은 어떻게 진행되고 있나요?

　학교 교육과정에서는 사진이 독립적인 교과로 편성되어 있지 않고, 미술 교과에 포함되어 있습니다. 2015 개정 미술과 교육과정은 미술 교과의 범위를 시각 문화로 확장하고, 현대 시각 문화에서 중요한 사진과 영상에 관한 교육을 포함하고 있습니다. 이에 따라 미술 교과서는 사진 영상 분야를 한 단원으로 할애하고 있습니다.

　그리고 2022 개정 미술과 교육과정은 사진을 특별히 명시하기보다는 디지털 전환의 시대에 걸맞은 다양한 디지털 매체를 다룰 것을 제시하고 있습니다. 이와 더불어 학생들이 다양한 매체에 기반한 시각 문화를 비판적으로 이해하고 시각적으로 소통할 수 있는 능력을 기를 수 있도록 '시각적 소통 역량'을 강조하고 있습니다. 디지털 매체를 통한 시각적 소통 교육을 위해서 사진은 친근하며 유용한 도구로서 큰 역할을 할 수 있을 것입니다. 이러한 중요성과 유용성을 인식한 학교의 경우 주당 1회의 미술 수업을 사진 수업으로 운영하기도 합니다. 또한, 고교학점제의 도입과 함께 사진에 대한 교육적인 고려가 증가할 것으로 예상합니다.

3) 문화예술교육으로서 사진교육은 어떻게 이루어지고 있나요?

　사진교육은 학교와 미술 교과 외에도 다양한 현장에서 매우 폭넓게 다루어지고 있습니다. 청소년센터, 미디어센터, 미술관, 박물관, 평생 교육기관, 그리고 개별 단체들이 운영하는 문화예술교육 프로그램에서 사진교육은 다양하게 이루어지고 있습니다. 또한, 사진교육은 다른 예술교육과 통합적 교육으로도 다양하게 활용되고 있습니다.

사진은 모든 세대가 좋아하는 매체입니다. 이러한 점에서 모든 세대를 아우를 수 있는 교육 현장이 많이 늘어나고 있습니다. 세상을 관찰하고 알아 가는 영유아, 창의적으로 자신을 표현하려는 청소년, 자기 삶의 경험을 예술로 만드는 중장년과 노인에 이르기까지 누구나 다양한 현장에서 손쉽게 사진을 즐기고 배우고 있습니다. 사진은 다양한 현장에서 우리의 마음과 생각과 삶을 기록하고 나누면서 우리를 위로하고 있습니다.

4. 사진의 인문학적 가치

1) 인문학의 관점에서 사진은 어떤 가치를 지니고 있나요?

사진을 인문학에서 다룰 수 있을까요? 만약 사진을 인문학에서 다룰 수 있다면 어떤 관점에서 다룰 수 있을까요? 무엇보다도 사진은 기록의 도구입니다. 사진은 인간이 만들고 사용해 온 그 어떤 도구보다도 현실에 가깝게 기록하고, 또한 사실적으로 보여 줍니다. 사진은 세상과 사람을 기록하고, 그 기록은 인간의 기억이자 역사가 됩니다. 우리는 사진이 보여 주는 기록을 통해서 세상을 배우고, 역사와 문화를 이해하게 됩니다. 더욱이 우리는 사진을 통해 삶을 이야기하고 사유할 수 있는 공간을 가지게 됩니다. 그 공간이 바로 삶이 담기는 인문학의 공간인 것입니다.

사진이 단순히 현실을 기록하는 도구라 생각한다면 인문학적 대상으로서는 한계가 있을 것입니다. 사진이 인문학인 이유는 사진이라는 도구를 사용할 때에 인간의 사유와 실천이 고스란히 드러나기 때문이지요.

새로운 도구의 탄생은 인간과 사회를 변화시킵니다. 사진의 등장으로 사람들은 이전보다 훨씬 시각적으로 사고하고 시각적으로 소통하게 되었습니다. 사진으로 증명하고 사진으로 자신의 정체성을 드러냅니다. 사진이라는 도구를 사용하면서 우리의 사고와 행위가 달라졌고, 몸가짐이나 태도 역시 달라졌습니다. 도구가 우리 삶을 어떻게 바꾸고 있는가를 살피는 것은 인문학의 주요 주제이며, 그런 점이 사진을 인문학적으로 살펴봐야 하는 이유이기도 합니다.

2) 사진은 어떻게 우리 생각과 삶을 담나요?

사진은 인간의 생각과 철학을 담고 있습니다. 사진이라는 매체를 바라보는 관점에도, 한 장의 사진에도 인간의 생각과 철학이 반영됩니다. 어떻게 반영될 수 있을까요? 바로 프레이밍(framing)을 통해서입니다.

프레이밍이란 네모난 카메라의 뷰파인더(시각 창, 사진의 frame)로 펼쳐진 시간과 공간 중 일부를 잘라 내는 것을 말합니다. 이 프레이밍 과정에서 촬영하는 사람의 시선과 관점이 담기게 됩니다. 같은 시간과 같은 공간에서 사진을 찍어도 어떻게 프레이밍을 하는가에 따라 사진은 다르게 찍힙니다.

프레이밍은 사진의 핵심이라고 할 수 있습니다. 사진의 시간성과 공간성도 여기서 만들어지고, 사진이 표현의 도구이자 예술이 될 수 있는 이유도 여기에 있습니다. 사진가들은 프레이밍을 통해 자신이 바라보고 발견한 세상과 그에 대한 해석을 담아 보여 줍니다.

영국의 예술비평가 코플란(Coplan)은 60세에 예술 사진가로 전향하면서 나이든 자신의 몸을 재미있는 사진으로 보여 줍니다. 그는 근접 프레이밍을 한, 주름이 지고 굳은살이 박힌 노인의 몸을 보여 주면서 '왜 예술에서 노인의 몸은 보일 수 없는 대상인지' '왜 젊은 몸만 아름답다고 생각하는지' 우리에게 질문합니다. 우리는 자화상(self-portrait)인 그의 사진을 보면서 우리 사회가 나이 듦에 대해 가지고 있는 편견과 공포를 생각해 보게 됩니다(https://www.johncoplanstrust.org).

사진가들의 생각이 담긴 사진들은 우리에게 사유의 공간을 주기도 하고, 생각을 바꾸는 계기가 되어 주기도 합니다. 또한, 새로운 생각을 따라가다 보면 새로운 문화가 만들어지기도 합니다. 이것 역시 인문학의 과정이지요.

3) 사진이 담는 시간은 어떤 가치를 지니고 있나요?

사진은 사진가가 잘라 낸 세상입니다. '찰칵!'하는 순간 고정된 시간은 시대를 가로질러 관람자에게 다가옵니다. 사진가의 시선이 존재했던 그 시간을 사진이 증명하고 있는 것이지요. 그런데 사진은 사진 속 사물이 그 당시에 거기 있었음을 증명하지만, 동시에 지금은 없음을 증명합니다. 존재를 증명하는 동시에 부재를 증명하는 것으로부터 기억이라는 사진의 독특한 사유가 시작됩니다.

미국의 사진가 골딘(Goldin)은 십 대 때 겪은 언니의 죽음 이후, 사라지는 것들을 붙잡기 위해 사진을 찍기 시작했습니다. 일상의 모든 것들을 사진으로 남긴 그녀는 젊은 시절 남자친구에게 끔찍한 이별 폭력을 당한 자신의 모습 역시 사진으로 남깁니다. 그녀는 "기억은 언제나 변하고, 때론 끔찍했던 기억도 아름답게 변색되기도 합니다."라고 말을 합니다. 그녀는 다시는 그 시절로 되돌아가지 않기 위해, 그리고 있는 그대로 기억하기 위해 그 사진을 찍었다고 합니다. 아주 사적이고 내밀한 일상을 담은 골딘의 사진은 사람들에게 기억과 기록에 대하여 다시금 생각해 보게 합니다. 사진은 우리의 기억을 보존하지만, 기억을 생산하기도 합니다. 기억에 없었던 일이 사진을 보며 기억나기도 하고, 때론 기억이 만들어지기도 하지요.

사진이 기록한 시간은 역사가 된다는 사실에 모두 동의하리라 생각합니다. 예를 들면, 1970~80년대 한정식, 홍순태와 같은 한국 사진가들이 기록한 서울의 거리와 일상들은 우리 역사를 보여 줍니다. 거리의 건축물과 길, 오가는 사람들의 옷과 모습, 생활의 방식들 …… 사진은 그 시기의 삶과 문화, 역사를 보여 주지요.

그러나 사진가의 기록만이 역사가 되는 것은 아닙니다. 사람들 각 개인이 기록한 기념사진들은 개인이 살아온 삶의 궤적이자 개인 삶의 역사가 됩니다. 나아가 한 개인의 삶에서 끝나지 않고, 우리 모두의 기억이자 역사가 되는 것입니다.

보모였던 마이어(Maier)는 평생에 걸쳐 엄청나게 많은 사진을 찍었습니다(https://www.vivianmaier.com). 미국 뉴욕과 시카고의 거리와 사람을 매일매일 촬영하였습니다. 15만 장에 달하는 마이어의 사진은 1950~60년대 미국 대도시의 삶과 문화를 감성적인 시선으로 보여 주고 있습니다. 이렇듯 사진은 개인과 인류를 잇는 통로이자 장치입니다.

여러분에게 사진은 어떤 기억으로 남았나요? 그 기억은 소중한 나의 삶이기도 하지만, 인류의 기억 한 조각이 되어 우리 시간과 우리

시대를 빛나게 기억할 수 있도록 해 줄 것입니다. 사진은 인류의 인문학이자 개인의 인문학입니다.

5. 생활 속의 사진

1) 사진은 인간의 삶과 어떻게 관련되어 있나요?

이미 앞에서 언급한 바와 같이, 사진은 인간의 사유와 결합되고, 인간의 삶과 태도를 바꾸기도 합니다. 사진은 우리의 생활 속에서 사회적·문화적 존재로서 다양한 면모를 보여 주면서 우리의 삶에 큰 영향을 끼치고 있습니다. 사진은 삶의 목격자이자 증인이 되었으며, 정치적·경제적·사회적 도구로 작동하면서 과거와 현재, 그리고 미래를 이어 주는 징검다리 역할을 하였습니다. 생활 속에서 사진은 거의 모든 분야에 사용되고 있지만, 그중에서도 초상사진, 동작 사진, 기록 사진, 예술 사진을 중심으로 생활과의 관계를 살펴보겠습니다.

2) 초상사진은 어떤 의미를 지니고 있나요?

사진이 발명되었을 때 가장 많은 관심을 불러일으킨 분야가 초상사진입니다. 사진 등장의 초기에 사진 한 장의 가격이 집 한 채 값에 맞먹을 정도로 비쌌음에도 불구하고 사람들은 줄을 서서 사진을 찍었습니다. 게다가 초기 사진의 기술적인 문제로 인하여 노출 시간이 굉장히 길었는데, 그런데도 사람들은 초상사진을 찍기 위해 수십 분을 움직이지 않고 빛을 받으며 고통을 감내하면서 앉아 있었습니다.

왜 그랬을까요?

사람의 얼굴을 재현하는 초상화는 한 사람의 존재를 영속적으로 남겨 주는 장치입니다. 그리고 단순히 모습을 남기는 차원을 넘어 사진에 찍힌 사람을 대중의 마음에 영예롭게 각인시키는 힘이 있습니다. 서구 회화의 역사에서 많은 왕과 귀족들은 자신의 초상화나 조각상을 만들어 자신의 힘과 정체성을 보여 주는 도구로 사용했습니다. 일례로 스페인의 왕 펠리페 4세는 자신의 초상화를 속국 영주들에게 보내 걸어 두고 보게 했습니다. 누가 너의 왕인지 기억하라는 뜻이었죠.

시민혁명이 일어나고 왕과 귀족이 몰락한 이후에 대중들이 왕의 궁전에서 발견한 것은 벽면을 가득 채운 초상화였습니다. 새로운 시대의 주체인 부르주아 계급은 커다란 화폭에 화려하고 위엄 있는 모습으로 그려진 귀족의 초상화에 매료됩니다. 자신도 저러한 초상화를 가지고 싶다는 생각을 했겠지요. 그러나 초상화 제작 비용이 너무 비쌌기 때문에 엄두를 내기 어려웠습니다.

수요가 많을 때 공급은 다양하고 활발하게 이루어집니다. 19세기 초에는 초상화에 대한 수요에 대응하는 미세초상화나 실루엣초상화 등 다양한 초상화가 등장합니다. 빠르게 그릴 수 있는 장치를 사용하여 작게 그려서 가격을 낮춘 것들이죠. 이때 사진이 등장합니다. 기계를 사용하는 사진은 상대적으로 빠르게 이미지를 제작하기 때문에 가격을 내릴 수 있었지요. 게다가 실물과 매우 닮았고, 기계를 사용한다는 점은 부르주아 계급의 감수성에도 잘 맞았습니다.

이렇게 초상사진은 엄청나게 유행하게 되지요. 발명 직후인 1840년에 이미 전 유럽과 미국에 대형 초상사진 스튜디오들이 많이 개업을 하였고, 유명한 사진가들이 등장하였습니다.

[그림 10-2] 사람들이 끝없이 줄을 서서 사진을 찍으려는 광경을 풍자한 삽화:
〈은판사진술의 광풍〉(모리셋, 1839)

출처: https://www.getty.edu/art/collection/object/104AFR

    1854년에는 파리의 대로변에 사진 스튜디오를 개업한 사진가 디
스데리(Disdéri)가 여전히 가격이 너무 비싸서 대중이 사진을 찍을
수 없다는 것에 착안하여 가격을 내릴 방법을 고안합니다. 바로, 한
장의 필름을 나눠서 촬영하여 여러 장의 사진을 얻는 방법입니다.
한 장의 가격으로 8~12명까지 사진을 찍었으니 당연히 가격이 저
렴해졌고, 또한 사진이 명함만 하다고 하여 '명함판 사진(carte-de-
visite)'이라고 이름을 붙였습니다. 지금도 우리는 명함판 사진을 사
용하고 있지요.

    획기적으로 초상사진의 가격을 낮추니, 더욱 많은 사람이 사진을
찍었고, 자신의 사진 외에도 다른 사람, 특히 유명인의 초상사진을
살 수도 있게 되었습니다. 왕과 여왕, 지식인과 예술가들의 초상사
진은 인기 아이템이 되었지요. 지금도 엽서만 한 크기의 연예인 초

[그림 10-3] **명함판 초상사진(디스데리, 1863)**

출처: https://en.wikipedia.org/wiki/Carte_de_visite#/media/File:Schneider_MET_DP356073.jpg

상을 사거나 다운로드하여 핸드폰에 두고 보는 일은 사진 발명 초기부터 시작된 일이었답니다.

　여전히 초상사진은 우리가 사랑하는 중요한 문화적 산물입니다. 카메라가 일상이 된 요즘은 셀카를 찍으며 자신을 확인하고, SNS를 통해 보여 줍니다. 가족사진이나 결혼사진, 졸업사진 등은 19세기의 문화와 거의 변하지 않은 채로 유지되고 있습니다. 초상이 가진 힘이자 인간의 기본적인 욕구일지 모르겠습니다. 최근에는 이러한 초상사진 촬영의 문화에 대해 문제의식을 느끼고 문화를 바꾸려는 사람들도 있지요. 결혼사진을 간소화하거나, 졸업사진을 자신의 한때를 기억하는 나름의 개성 있는 방식으로 다르게 찍기도 합니다. 이런 변화는 초상사진에 대한 사유를 통해 가능한 것입니다. 문화는 이렇게 사유를 통해 변화합니다.

3) 동작의 기록은 생활을 어떻게 바꾸었나요?

사진은 인간이 알지 못했고 보지 못했던 새로운 세상을 발견하게
해 주었습니다. 많은 시각적 경험의 확장 중에서도 동작 사진은 빠
르게 움직이는 것을 멈춤으로 고정해 줌으로써 인간의 눈이 보지 못
하는 세계를 활짝 열어 주었습니다.

1870년대에 들어 사진가 마이브리지(Muybridge)는 자동으로 사진
이 찍히는 전기 셔터를 발명하여 움직이는 말을 고정하는 데 성공합
니다. 1872년의 일이었지요. 그리고 이어진 연구를 통해 1878년에
는 12대의 카메라에 줄을 연결해 놓고 말이 달려 나가면서 그 줄을
끊으면 순식간에 셔터가 눌려 사진을 찍는 방법으로 일련의 동작 사
진을 촬영하는 데 성공합니다.

이 사진이 발표되자 사람들은 혼란에 빠집니다. 사람들이 생각했

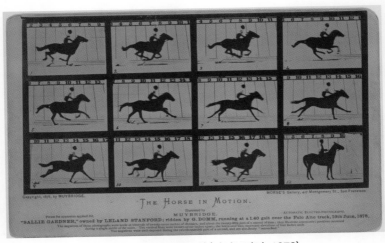

[그림 10-4] 〈말의 동작〉(마이브리지, 1878)

출처: https://en.wikipedia.org/wiki/The_Horse_in_Motion#/media/File:Eadweard_
Muybridge-Sallie_Gardner_1878.jpg

던 것과 달리, 말은 달릴 때 네 다리를 모두 배 쪽으로 모으고 달렸던 것입니다. 그동안 다리를 멋있게 쭉 뻗고 날듯이 달리는 모습으로 그렸던 말의 그림은 모두 거짓이 되었고, 화가들은 말을 사실대로 그려야 할지 상상대로 그려야 할지 고민에 빠지게 됩니다.

마이브리지는 전기 셔터 장치의 특허를 출원하고, 펜실베이니아 대학교와 공동으로 다양한 동물의 동작을 촬영하는 프로젝트를 수행합니다. 그 결과 인간을 포함하여 말, 새, 개, 고양이 등의 움직임을 촬영하여 책으로 발간하였고, 당대의 동작을 다루는 과학자, 생리학자, 미술가에게 큰 영향을 줍니다.

한편, 동작 사진의 놀라운 잠재력을 알아본 프랑스 생리학자인 마레이(Marey)는 연구를 거듭하여 한 장의 필름에 연속적인 동작을 촬영함으로써, 동작의 방향과 속도를 계산할 수 있었습니다. 동작 사진의 발달로 점점 빠른 고속촬영이 가능해졌고, 1888년에는 고속촬영으로 총탄을 고정하거나, 우유 방울이 떨어질 때 일어나는 왕관

[그림 10-5] 〈펜싱 선수〉(마레이, 1890)

출처: https://archive.org/details/etienne-jules-marey-escrimeur-fencer-1890-cropped-300dpi/E%CC%81tienne-Jules%20Marey%2C%20Escrimeur%20%5BFencer%5D%2C%20%281890%29_cropped_300dpi.jpg

현상도 촬영하게 됩니다. 인간의 눈이 알지 못했던 현상을 볼 수 있게 된 것이지요.

동작 사진은 이후 많은 변화와 영향력을 미칩니다. 우선 동작을 잘게 쪼개어 분석함으로써 인간 행동의 효율화를 높이는 데 적용합니다. 특히, 산업자본주의의 발달 과정에서 노동의 효율화와 과학적 관리에 적극적으로 사용되었습니다. 노동하는 동작 사진을 보고 분석하면서 불필요한 동작을 제거하는 관리방안을 수립한 것이지요. 이에 따라 작업장과 작업대의 설계 기준 등이 마련되었습니다. 요즘은 비슷한 방법을 스포츠 선수들의 기록 관리와 효율화를 위해 사용하기도 합니다. 선수들의 동작을 분석하여 동작을 교정하고 힘을 낭비하는 요소들을 제거함으로써 기록을 높이는 데 사용하는 것이죠.

동작 사진은 예술에도 많은 영향을 줍니다. 이탈리아의 전위예술 운동인 '미래파'는 속도의 아름다움과 현대성을 주제로 하면서 동작 사진을 적용합니다. 무엇보다도 동작 사진은 움직이는 이미지, 영상으로 이어집니다. 사진을 연속으로 빠르게 돌리면 고정된 이미지가 움직이는 것처럼 보인다는 현상을 적용한 것입니다. 이때부터 움직이는 기록, 영상과 영화가 탄생하게 됩니다.

사진은 인간의 시각적 경험을 확장하였고, 생각을 확장할 수 있도록 도왔습니다. 사진은 눈을 맹신했던 인간이 자기 중심성을 벗어나 새롭게 세계를 인식하도록 도왔고, 사유의 지평을 확장할 수 있도록 만들었습니다.

4) 기록 사진에 대해 알고 싶습니다.

사진가들은 길을 걷고 세상을 보면서 많은 것을 알게 됩니다. 보지 못했던 사회를 보기도 하고, 알지 못했던 사실을 깨닫기도 합니다. 그리고 그 과정에서 얻은 통찰을 사진으로 만들어 사람들에게 보여 주고, 함께 이야기해 보자고 제안도 하지요. 특히, 다큐멘터리 사진(documentary photography)은 사진의 기록하는 속성에 바탕을 두고 사진가가 해석한 사회를 보여 줍니다.

19세기 덴마크 출신의 미국 사진기자 리스(Riis)는 취재 과정 중에 이민자들의 비참한 생활을 보게 됩니다. "냄새 고약한 골목길과 심란한 셋방들을 들쑤시고 다니는 동안 신생국가인 미국 대도시의 후미진 골목에서 고통스러운 삶을 연명했던 사람들"을 만난 것이죠. 리스는 이들의 취약한 생활을 널리 알려야겠다고 생각하여 현실을 그대로 드러내는 사진의 유용성을 활용합니다. 리스는 이민자의 삶을 기록한 사진을 담아『나머지 반의 사람들은 어떻게 살고 있는가(How The Other Half Lives)』(1890)를 출간하였습니다. 이 책은 대중들에게 우리 주변에서 일어나는 일에 대해 방관해서는 안 된다는 생각을 심어 주었습니다. 더 나아가 이 책은 뉴욕시장인 시어도어 루스벨트(Roosevelt)에게 깊은 인상을 줌으로써 이민자와 빈민 정책에 큰 영향을 끼쳤고, 후에 리스는 루스벨트 대통령의 정책 고문이 되었습니다. 사진이 사람의 마음과 세상을 바꾼 사례이지요. 지금도 많은 다큐멘터리스트는 우리가 놓치거나 외면하는 사회의 현실을 기록하고 세상에 널리 알리는 일을 하고 있습니다.

5) 예술 사진은 무엇을 보여 주나요?

예술 사진가들은 일련의 작품을 통해 자신이 깊이 느끼고 발견하고 성찰한 세상을 이야기합니다. 작품에는 우리 사회와 문화에 대한

[그림 10-6] 〈Urban Depth〉(금혜원, 2010)

출처: https://www.keumhw.com/Urban-Depth, 작가 제공

작가들의 해석이 담겨 있고, 그곳에서부터 대화가 시작되지요. 사진의 초기부터 예술 사진가들은 다양한 주제와 방법으로 말 걸기를 해 왔습니다.

혹시 도시가 배출하는 그 많은 쓰레기가 어디로 가는지 생각해 본 적이 있나요? 한국의 현대 사진가인 금혜원 작가는 자신의 작품 〈Urban Depth〉(2010~2011)에서 대도시의 쓰레기 처리장을 담았습니다.

작가의 사진을 통해서 우리가 사는 도시의 지하에, 그것도 시내 곳곳에 쓰레기 처리장이 있다는 사실을 알게 되었을 때, 우리는 충격에 빠지게 됩니다. 이곳은 표지판조차 없이 은밀하게 자신의 모습을 숨기고 있는 존재, 존재하지만 기피의 대상, 은폐됨으로써 망각이 된 공간입니다. 이 작품은 도시의 깊이를 드러내는 것이자, 볼 수 없는 것을 볼 수 있게 해 줌으로써 우리의 논의와 사유를 촉발합니다.

현대 사진가인 방성욱 작가의 작품 〈Green Collar Workers〉(2021)는 공장의 바닥을 연상케 하는 초록색 바닥 위에서 제품을 분해하는 모습을 보여 줍니다. 이 작품은 각각 분해된 부속품의 사진과 분해 과정을 보여 주는 영상으로 구성되어 있습니다. 작가의 의도는 매끈

하게 다듬어진 제품에 가려진 노동의 과정을 드러내려는 것입니다. 그리고 작가가 제품을 분해하는 예술적 과정과 제품을 조립하는 노동적 과정 사이에의 틈새, 그리고 그 과정을 다르게 인식하는 관객의 생각 차이에 대해 질문합니다.

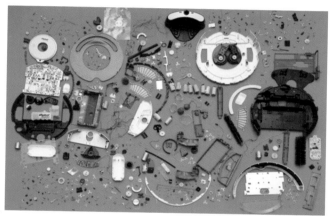

[그림 10-7] 〈Green Collar Workers_로봇청소기〉(방성욱, 2021)
출처: 작가 제공

6. 인문 소양을 위한 사진교육의 새로운 패러다임

1) 기술의 변화와 함께 사진교육은 어떻게 변화되어야 할까요?

최근에 가장 이슈화되고 있는 것은 AI의 상용화일 것입니다. 챗GPT와 이미지 생성형 AI를 통해 문자언어(프롬프트)만으로 이미지가 만들어지면서 사진의 개념 자체가 변하고 있는 것이지요.

2023년 '소니 월드포토그래피 어워드(SWPA)'의 크리에이티브 오픈 카테고리 부문에서 독일의 엘다크젠(Eldagsen)이 AI로 만든 이미지가 1위를 하여 모두를 놀라게 하였지요. 그는 시상식에 참석하여 자신의 작품이 AI가 생성한 이미지임을 밝히고, 그의 작품이 '프롬프터그래피(promptography)'인 AI 이미지에 대한 논쟁을 촉발하기 위한 행동이었으며, 앞으로 많은 논의가 필요하다고 강조하였습니다. 또한, 덴마크의 디자이너 카르만(Karmann)은 렌즈 없는 카메라 '파라그라피카(paragraphica)'를 발표하였는데요, 이 카메라는 사진을 찍는 것이 아니라 인공지능 데이터와 GPS 데이터를 활용하여 사진을 만드는 장치입니다.

이 두 체험적인 사례는 우리에게 사진의 개념이 완전히 전환되는 시점에 있다는 것을 알려줍니다. 새로운 테크놀로지의 발전에 힘입어 다양한 이미지 제작 도구와 프로그램이 속속 등장하고 있습니다. 그리고 교육 현장에서도 에듀테크의 발전에 힘입어 접근성과 사용 편의성이 빠르게 발전하고 있습니다.

이러한 변화는 사진 분야의 교육이 회화, 사진, 영상 등 각각의 이미지 영역을 따로 다루어서는 안 되며, 주제와 필요에 따라 더욱 포괄적으로 이미지의 영역을 다뤄야 함을 알려줍니다. 또한, 학생들이 새로운 제작 도구를 사용하고 실험할 수 있도록 준비하고 도와야 합니다.

더불어 사진교육은 이미지에 대해 사회적 · 문화적 관점으로 접근해야 하며, 사진이 가지고 있는 사회적 의미와 역할, 새로운 사진 제작 도구에 대한 인문적 인식과 태도의 변화를 교육에 포함해야 합니다. 그 이유는 테크놀로지 자체를 사용하는 차원을 넘어 인문학적 관점에서 다룰 때 보다 더 주체적으로 사진이라는 도구를 활용할 수 있기 때문입니다.

2) 사유와 인식의 과정을 고려하는 사진교육은 어떻게 이루 어져야 하나요?

저자는 가끔 학생들과 긴 노출로 사진 찍히기를 해 봅니다. 10분 이상의 긴 시간 동안 카메라 앞에 앉아 사진을 찍히는 것입니다. 남 녀노소 누구든 한 번쯤 카메라 앞에서 멈추는 경험을 하게 합니다. 사람들은 처음에는 가만히 있는 것을 힘들어하지만 어느 정도 시간 이 지나면 마음 깊이로부터 고요해 집니다. 고요한 시간을 그대로 느끼게 되는 것이지요. 이런 프로그램을 하는 이유는 멈추기 위해 서입니다.

뇌과학자들은 현대의 환경이 시각정보를 처리하는 후두엽의 발 달을 촉진하지만, 상대적으로 전두엽의 발달을 지연시킬 수 있다고 지적합니다. 전두엽은 높은 수준의 사고력, 언어력, 의사결정에 따 른 행동력, 기획력, 의지 등이 이루어지는 영역이며, 공감과 소통이 일어나는 곳이기도 합니다. 눈과 후두엽에서 처리된 시각정보는 전 두엽에서의 사고 과정을 통해 나의 것, 나의 지식이 됩니다. 바로 사 유의 과정을 통해서지요. 그런데 현대의 환경은 너무 많은 시각정 보를 멈춤 없이 빠르게 전달하면서 사유할 시간이 없다는 것입니다. 자극적인 콘텐츠가 아니면 듣지 않고 보지 않는 시각 환경은 우리의 신체를 빠르게 변하게 하고 있습니다.

그런 점에서 사진교육은 깊이 생각하고 이해하고 대화하는 교육 이어야 합니다. 세상을 찬찬히 바라보고 생각하며 사진을 찍고 사진 의 의미를 설명할 수 있어야 합니다. 또한, 누군가의 사진을 보고 생 각할 시간을 주고, 그 생각을 글로 쓰고, 다른 사람과 나누는 시간을 교육과정 안에 설계해야 합니다.

3) 문화 다양성의 관점에서 사진교육을 어떻게 수행해야 할까요?

이미 앞에서 언급한 것처럼, 사진은 문화의 다양성과 세계 이해를 위해 효과적입니다. 사진교육은 시각적 다양성을 배우는 교육이어야 합니다. 사람마다 보는 방법이 다르고 생각이 다르며 의견과 관점이 다릅니다. 사진교육은 이러한 다름을 이해하고 인정하는 과정으로 수행해야 합니다.

또한, 사진교육은 적절한 방법을 통해 문화 교육으로 이어질 수 있습니다. 저자는 예전에 한 지역에서 촬영한 여러 세대의 사진을 모아 사진지도를 만들어 본 적이 있습니다. 조부모, 부모, 자녀들의 기념사진을 모으니 그 지역의 역사와 문화가 드러나더군요. 그런데 근현대의 산업발전에 따른 지역 이동이 많아서 그런지 생각보다 한 지역에 여러 세대가 걸쳐 오래 산 경험들이 적었습니다. 우리는 이 사진지도 만들기 활동을 통해서 한국 사회의 특수한 상황을 이해할 수 있었습니다.

사진은 우리의 삶과 문화를 다룹니다. 인문학으로서의 사진교육은 사회적 · 문화적 · 역사적 맥락에서 통합적으로 다루어야 합니다. 이러한 통합적 학습 활동은 사진교육의 주제를 다양하게 만들고, 나아가 삶과 연결된 문화 교육으로 이끌어 갑니다. 예술은 세상에 대하여 질문합니다. 이 질문에 답을 찾으려는 예술적 실천이 문화적 이해와 사유로 이어질 것입니다.

더 알기 ◀ **사진과 윤리**

사진은 현실을 기록하는 만큼 사진의 제작, 사용과 관련한 윤리와 권리에 대한 이해가 필요합니다. 문화체육관광부 저작권정책과에서는 창작자의 저작권과 관련한 정보를 제공하고 있습니다.

- **초상권**: 자기의 초상이 허가 없이 촬영되거나 공표되지 않을 권리를 말합니다. 누군가의 얼굴을 촬영하거나 촬영된 사진을 사용할 때는 그 사람의 초상권을 획득해야 합니다. 오늘날 초상권이 강화되면서 사진가들은 누군가의 얼굴을 촬영할 때에는 촬영 허락과 초상권 동의서를 받고 촬영해야 합니다.
- **저작권**: 창작자가 자신의 저작물에 대해 갖는 권리로서, 저작권자의 권리를 보호하고 공정한 이용을 목적으로 하고 있습니다. 상속되지 않는 고유의 권리인 '저작인격권'과 저작물을 재산처럼 사용할 수 있는 '저작재산권'으로 나뉩니다. 저작재산권은 저작자 사후 70년까지 인정되지만, 사회적 논의에 따라 기간이 변화하기도 합니다. 오늘날에는 저작권에 대한 인식이 커지면서 사진마다 저작권자를 표시하고 있습니다.
- **카피레프트(copyleft) 운동**: 지나친 저작권(copyright)으로 인해 정보와 지식 사용의 제한이 커지는 것에 대해 저작물을 자유롭게 사용할 것을 허락하는 저작권 공유 움직임입니다.

*출처: 네이버 지식백과

생각 나누기

- 사진가들은 자신의 시각과 관점으로부터 해석한 세계를 보여 줍니다. 사진가의 사진작품을 보며 서로의 생각과 의견을 나눠 봅시다.
- 사진의 소재, 주제, 시각화 형식을 생각하면서 사진을 이해하고, 주제에 대한 자기의 생각을 이야기해 봅시다.

[주제별 사진가와 작품 소개 예시]
한성필 작가의 사진과 생태 http://hansungpil.com
강제욱 작가의 사진과 환경 사진집 'The Planet 2007-2017' 외
금혜원 작가의 사진과 도시 https://www.keumhw.com
손승현 작가의 사진과 역사 http://www.shsohn.com

[참고]
- 한국 사진가의 작품을 볼 수 있는 곳: 박건희문화재단 가상갤러리 http://virtualgallery.co.kr
- 작가들의 전시 소식과 전시 아카이브를 볼 수 있는 곳: https://neolook.com/

• 박건희문화재단 가상갤러리	• 한성필 작가 홈페이지	• 손승현 작가 홈페이지

참고문헌

교육부(2022). 2022 개정 교육과정. 교육부 고시 제2022-33호.

김대욱, 박경배, 허현주, 현혜연(2022). 사진의 이해. 한국방송통신대학교 출판문화원.

문체부, 교육부, 광역교육청, 지자체, 한국문화예술교육진흥원(2022). 2023 학교예술강사 모집 · 선발 FAQ.

Beaumont, N. (1996). 사진의 역사: 1839년부터 현재까지 (*History of photography*). (정진국 역). 열화당. (원저는 1982년에 출판).

[사이트]

• 금혜원 https://www.keumhw.com/

• 네이버 지식백과, 시사상식사전 https://terms.naver.com/

• 디스데리 https://en.wikipedia.org/wiki/Carte_de_visite#/media/File:Schneider_MET_DP356073.jpg

• 마레이 https://archive.org/details/etienne-jules-marey-escrimeur-fencer-1890-cropped-300dpi/E%CC%81tienne-Jules%20Marey%2C%20Escrimeur%20%5BFencer%5D%2C%20%281890%29_cropped_300dpi.jpg

• 마이브리지 https://en.wikipedia.org/wiki/The_Horse_in_Motion#/media/File:Eadweard_Muybridge-Sallie_Gardner_1878.jpg

• 비비안 마이어 https://www.vivianmaier.com/

• 존코플란 https://www.johncoplanstrust.org/

• 테오도르 모리셋 https://www.getty.edu/art/collection/object/104AFR

찾아보기

저자 소개

민경훈(Min, Kyung-Hoon)

독일 뮌스터대학교 교육학 박사(음악교육)

대통령상 수상, 교육부장관상 수상, 행정자치부장관상 수상

전 한국교원대학교 제4대학 학장, 한국음악교육학회 회장, 한국예술교육학회 회장, 한국융합예술치료교육학회 회장, 한국문화교육학회 회장

현 한국교원대학교 음악교육과 명예교수, (사)한국예술문화단체총연합회 대의원, (사)한국음악협회 상임이사, 성결대학교 예술강사 사업 자문위원

저서: 음악 교수학습방법(2판, 공저, 학지사, 2024), 음악교육학 총론(4판, 공저, 학지사, 2024), 중학교 음악(공저, 동아출판, 2025) 등

논문: 프리츠 외데(Fritz Jöde)의 청소년음악운동에 관한 고찰(2000), 우리나라 문화예술교육의 현황과 외국의 사례 고찰을 통한 역량 제고(2013), 4차 산업혁명 시대 음악교육의 전망과 과제(2019) 등

김향미(Kim, Hyang-Mi)

히로시마대학교 박사(Ph. D.)(미술교육)

전 한국문화교육학회 회장

현 숙명여자대학교 교육대학원 미술교육전공 교수, 한국조형교육학회 회장

저서: 韓國初等美術敎育の成立と發展(圖書出版 講星, 1996), 圖畵工作・美術科重要用語300の基礎知識(공저, 明治圖書, 2000), 敎育におけるグローバル化と伝統文化(공저, 建帛社, 2014), 美術科敎育の基礎知識(공저, 建帛社, 2024), 1001 Ways of SEEING(공저, Waxmann, 2024) 등

논문: 문화예술교육을 통한 이주자 통합에 있어서의 다문화・상호문화 역량 연구(공동, 2020), 청소년기 자아존중감 향상을 위한 학교 통합예술교육 프로그램 실행연구-여행(여기에서 행복하기) 프로젝트를 중심으로-(공동, 2023), 기업 문화예술교육의 필요성 및 활성화 방안 연구(공동, 2024), 시각의 청각화-청각의 시각화를 통한 융합예술교육 방법론 연구: 무소르그스키의 〈전람회의 그림〉을 중심으로(공동, 2024) 등

양소영(Yang, Soh-Yeong)

한국교원대학교 교육학 박사(초등음악교육)

현 서울교육대학교 음악교육과 교수, YBM 음악교과서 책임 집필진, 한국음악교육
   학회 이사, 미래음악교육학회 이사

저서: 초등학교 음악 교과서(공저, YBM, 2019), 꼬마 작곡가의 스크래치로 배우는
음악창작코딩(공저, 어가, 2023) 등

논문: 의미연결망 분석을 활용한 국내·외 초등음악 창작 연구의 특성 비교(2022),
스크래치를 활용한 초등학교 맞춤형 음악창작 프로그램 개발(공동, 2023) 등

현혜연(Hyun, Hye-Yeon)

중앙대학교 대학원 사진학 석사, 한국학중앙연구원 한국학대학원 인류학 박사수료

대한민국 문화예술교육 대상 우수콘텐츠상(2023), 문체부 장관상(2019) 수상

현 중부대학교 사진영상학과 교수, 중부대학교 문화예술교육원 원장, (사)한국사진
   교육학회 이사, (사)한국예술교육학회 이사

저서: 아르떼 총서: 문화예술교육 자원과 협력관계(공저, 컬처룩, 2019), 생애 전환
학교: 모험을 디자인하는 신중년 문화예술 수업(공저, 서해문집, 2021), 테크×문화
예술교육(공저, 부산문화재단, 2021) 등

논문: 참여자의 창의성을 발현하는 예술 감상교육 연구: 뇌과학 연구와의 학제적 접
근(공동, 2021), 생성형 AI의 등장과 국내 광고사진 산업의 변화 및 대응 연구(공동,
2023) 등

신중년 생애전환문화예술교육 프로그램 개발, 꿈다락문화예술학교 프로그램 개발,
1급 문화예술교육사 교육과정, 경력산정, 운영방안 등 연구

현은령(Hyun, Eun-Ryung)

한양대학교 응용미술학 박사(시각멀티미디어) 및 교육학 박사(교육과정)

2015 제49회 대한민국디자인전람회 대통령상, 2023 레드닷 디자인어워드 최우수상
(Best of Best) 수상

전 2022 개정 교육과정 고등학교 미술과 심의위원장

현 한양대학교 사범대학 응용미술교육과 & 대학원 러닝사이언스학과 인지정보디자

인전공 교수

저서: 중학교 미술(공저, 리베르스쿨, 2015), 초등학교 5~6학년 기본 교육과정 미술 국정교과서(교육부, 2015) 등

논문: 한국 중등 교육과정의 흐름에 따른 디자인 교육의 변천(공동, 2021) 등

이성초(Lee, Sung-Cho)

서울대학교 문학 박사(한국음악학)

전 2022 개정 초등학교 음악 3-4 심의위원

현 한국교원대학교 음악교육과 교수, 인천광역시 무형유산위원회 전문위원, 한국민
  요학회 출판이사, 국악교육학회 편집위원

저서: 중학교 음악(공저, 교학사, 2018), 서도잡가(민속원, 2019) 등

논문: 음악교과서 내 국악 용어 검토 및 제언-2015 개정 중·고등학교 음악교과서
를 중심으로-(2023), 지속가능발전교육의 관점에서 살펴본 국악교육의 방향성 모
색(2024) 등

안지언(An, Ji-Un)

성균관대학교 예술학 박사(문화예술교육·문화정책)

한국문화산업학회 최우수·우수 논문상, 한국아동권리학회 우수논문상, 한국연구
재단 인문사회과학분야 신진우수연구자상, 교육부 장관상(인문사회과학분야 우수
연구자), 한국무용학회 특별공로상 수상

전 국제아동청소년연극협회(아시테지 코리아) PD 등 문화기획자

현 숙명여자대학교 대학원 아동예술교육·문화예술교육학과 교수, 아트리서치 랩
  대표, 한국문화산업학회 학술위원장, 한국문화교육학회 부학술위원장, 한국교육
  연극학회 총무이사, 한국아동권리학회 총무이사, 한국질적연구학회 상임이사, 모
  드니예술 편집위원 등

저서: 삶이 사랑한 예술(미다스북스, 2023), 창의융합예술교육(학이시습, 2024) 등

논문: 듀이의 질성적 사고와 그린의 상상력으로 본 융합학문으로 문화예술교육의 학
문적 가능성과 방향성 연구(공동, 2022), 시각의 청각화-청각의 시각화를 통한 융합
예술교육 방법론 연구: 무소르그스키의 〈전람회의 그림〉을 중심으로(공동, 2024),

예술교육가의 개념 변화와 정책과 현장에서의 추동관계에 관한 연구(공동, 2024),
지속가능발전교육 중 고령화 사회 이슈를 중심으로 한 교육연극 교수ㆍ학습안 개발
과정 연구: 질적 문화기술지 방법 중심으로(공동, 2024) 등
생애주기별 문화예술교육 프로그램 개발, 문화예술교육 성과지표 연구, 문화예술교
육 교수자 대상 세미나 개발 및 책임연구, 아르떼 공연화 사업 〈상상학교〉 PM 등

탁지현(Tark, Jee-Hyun)

이화여자대학교 무용학 박사(Ph.D.)

한국예술평론가협의회 심사위원선정 특별예술가상(2023), 경기도 장애인 평생교육
무용프로그램 우수상(2019), 한국무용교육학회 무용연구교사상(2015) 등 수상

전 2022개정 교육과정 시도교육청 개발 인정교과서 집필ㆍ검토 위원, EBS 학생활동
  중심 미래형 체육예술교육 콘텐츠 개발 전문가 자문위원

현 이화여자대학교 문화예술교육원 2급 문화예술교육사 교육 강사, 발레블랑ㆍT-
  Arts Lab 대표, 한국무용교육학회 상임이사, 한국문화예술교육학회ㆍ(사)한국발
  레연구학회 이사

저서: 나답게 나빌레라(공저, 경기도평생교육진흥원, 2019), 고등학교 안무(공저, 서
울특별시교육청, 2023) 등

논문: 하브루타 기반 예술교육의 가치 탐색(2021), 2022 개정 교육과정 시행에 따른
학교무용교육의 변화와 과제(2022), 전인교육에서 무용의 기능 변화(2024) 등

꿈다락토요문화학교, 문화예술교육사와 함께하는 '예술교육이 바뀐다' 지원 사업,
장애인 평생교육 프로그램 등 연구 및 개발

안현정(Ahn, Hyun-Jung)

연세대학교 행정대학원 사회학 및 성균관대학교 미술사 석사, 성균관대학교 동양철
학과 철학 박사(예술철학)

전 서울예술대학 예술사 겸임교수, 경기도 공공미술심의 위원, 하인두예술상 심사위
  원, 별마당도서관 공공미술 심사위원, KBSㆍMBCㆍSBS 등 공중파 고정패널

현 연세대학교 행정대학원 사회문화전공 겸임교수, 성균관대학교 박물관 학예실장
  (박물관미술관 정학예사 1급)

저서: 근대의 시선 조선미술전람회(이학사, 2012), 한국미의 레이어, 눈맛의 발견(아크레이크, 2024) 등

논문: 창의성 향상을 위한 대학교양수업 음악·미술 융합감상교육 제안(공동, 2021), 포스트 팝아트의 대중문화 해석과 비평적 감상교육 제안(2021) 등

평론 400여 편 및 칼럼 다수 집필, '한국미의 레이어: 도자와 추상' '문자도, 현대를 만나다' 등 전시기획 20여 회

이명주(Lee, Myoung-Ju)

서울교육대학교 교육전문대학원 석사(교육연극)

전 경기도 교육청 초1정 강사 '교육연극부분'(2015~2020), 경기 교과연계 교육연극 협력수업 멘토

현 경기도 성남 판교초등학교 교사, 성남 교과연계 교육연극 협력수업 멘토, 한국교육연극학회 학술분과장

논문: 추체험을 통한 초등미술감상 지도방안: 과정드라마를 중심으로(2014) 등

문화예술교육을 위한
문화예술, 인문의 발견
Arts & Culture, Discovery of Humanities

2025년 2월 20일 1판 1쇄 인쇄
2025년 2월 25일 1판 1쇄 발행

지은이 • 민경훈 · 김향미 · 양소영 · 현혜연 · 현은령
　　　　 이성초 · 안지언 · 탁지현 · 안현정 · 이명주
펴낸이 • 김진환
펴낸곳 • ㈜**학지사**
　　　　　 04031 서울특별시 마포구 양화로 15길 20 마인드월드빌딩
대표전화 • 02-330-5114　　팩스 • 02-324-2345
등록번호 • 제313-2006-000265호

홈페이지 • http://www.hakjisa.co.kr
인스타그램 • https://www.instagram.com/hakjisabook

ISBN 978-89-997-3339-0　03370

정가 18,000원

출판미디어기업 **학지사**
　간호보건의학출판 **학지사메디컬** www.hakjisamd.co.kr
　심리검사연구소 **인싸이트** www.inpsyt.co.kr
　학술논문서비스 **뉴논문** www.newnonmun.com
　교육연수원 **카운피아** www.counpia.com
　대학교재전자책플랫폼 **캠퍼스북** www.campusbook.co.kr